鉢植えでも楽しめる

物語と伝説の植物

四〇種の栽培ガイド

榛原昭矢

新紀元社

はじめに

　ファンタジーが好きな人なら、きっとマンドラゴラという植物のことを聞いたことがあると思います。人間そっくりの形の根を持ち、引き抜かれると恐ろしい叫び声を上げる植物で、その叫び声は聞く者を死にいたらしめ、その根を所有することがかなった場合には富をもたらすという、あの伝説の植物です。

　筆者が子どものころ、マンドラゴラは本当に幻の植物と言えるものでした。書籍でマンドラゴラが紹介される時には不思議な絵——頭に葉が生えた人間のような古い絵が掲載され、およそ現実の植物とは思われない記述が付されていました。空想上の植物ではなく実在することは何となく知っていましたが、自分で栽培することはもちろん、一生実物を目にすることもないだろうと思えるほど現実からかけ離れた存在に思えたのです。

　しかしマンドラゴラといえども、この現実の世界に根を下ろして生育する植物です。その気になれば入手も可能で、もちろん栽培することもできます。実際に、最近になって少数ながら国内でもマンドラゴラの苗が販売され始めているので、栽培に挑戦する人も増えているのではないでしょうか。

　しかし現実の植物としてのマンドラゴラの情報、特に栽培方法の情報は少なく、せっかく手に入れてもどうやって育てていいのか悩む人も多いかもしれません。「伝説・昔話・歴史・小説・映画などに登場する植物」を、「現実の植物」として育てる方法を紹介した本は少なく、情報は非常に限られています。

「伝説・昔話・歴史・小説・映画」などを、ここでは「物語」と呼ぶことにしましょう。この本では、「物語の植物」四〇種を取り上げてご紹介します。取り上げた物語はいろいろ。伝説や昔話、歴史上の人物とのかかわり、小説やアクション映画、落語などなど、おもしろい物語をご用意しています。そして、それぞれの植物の詳しい栽培方法の解説を付けています。

　本書は植物の物語を鑑賞し、その植物の栽培を楽しむためのちょっと変わったガイドブックです。

目次

物語と伝説の植物の育て方

たとえばマンドラゴラという名前を聞くと、なんとなく栽培が難しいように思う人も多いかもしれません。確かに夏に休眠するというやや変わった特徴は持っていますが、特にほかの多年草と比べて育てにくいということもありません。葉を落として活動を休む分、暑さに弱いけれど休眠する能力を持っていない「難物」の高山植物などよりも、栽培は楽と言えるでしょう。

この本でご紹介する四〇種の植物は、いずれも比較的育てやすいものです。伝説・物語の植物といえども特殊な栽培法・栽培設備を必要とするわけではありません。普通の鉢花や観葉植物を育てるくらいの気持ちで、ベランダなどのちょっとしたスペースで栽培を楽しむことができるでしょう。

個々の植物の栽培方法はそれぞれのページで詳しくご紹介していますが、ここではその多くに共通する一般的な栽培法をご紹介しましょう。なおこの本に掲載した栽培法は、主に関東地方以西平野部での栽培を想定しています。

植物のタイプ別特徴

この本でご紹介する植物は、小さな草本植物から高さ数十メートルになる高木まで多様ですが、それらをいくつかのタイプに分けています。タイプごとに共通する性質があるので、分けて考えることはきっと栽培の役に立つことでしょう。

◎常緑樹

一年中葉を付けている樹木のことです。なお熱帯・亜熱帯産の常緑樹は「熱帯・亜熱帯植物」に含め、ここではそれ以外の常緑樹、多くの地域で屋外越冬可能な常緑樹のみをここに分類しています。

本書でご紹介する常緑樹はいずれも、庭植えでも鉢植えでも簡単に育てることができるものばかりです。アオキ（九二ページ）やツバキ（一二〇ページ、一八四ページ）など日本原産の植物はもちろん、ヨーロッパ産のセイヨウイチイ（一四四ページ）も丈夫で、あまり手が掛かりません。

◎落葉樹

一年のうち、すべての葉を落とす時期がある樹木です。こ

開花したマンドラゴラ。マンドラゴラは秋に生育を開始し、厳寒期に花を咲かせ、初夏に葉を枯らして休眠に入ります。シクラメンなどと似た生活サイクルですが、シクラメンよりも夏越しが容易で、思いのほか育てやすい植物です

こでは熱帯・亜熱帯産植物以外の、多くの地域で屋外越冬可能な落葉樹のみを扱います。本書でご紹介する落葉樹も丈夫なものが多く、栽培は簡単。一般に常緑樹よりも耐寒性が強く、寒冷地でも栽培できるものも多いでしょう。

◎多年草

丸二年以上にわたって生きる草本植物です。ここでは球根植物と熱帯・亜熱帯産植物以外の、多くの地域で屋外越冬可能な多年草のみを扱います。春から秋に生育して冬に地上部を枯らして休眠するものや、一年中枯れない常緑のものがあり、秋から春に生育して夏に休眠するものも少数ながら存在します。

本書でご紹介する多年草の多くは、雑草的な性質を持った丈夫なものです。ただしマンドラゴラ（八〇ページ）だけは、冒頭に書いたように夏に休眠するというちょっと変わった性質を持っています。その点だけを認識しておけば、特に育て方で悩むこともないでしょう。

◎春まき一年草

春に種から発芽し、その年の冬までに開花結実して枯死する植物です。本書でご紹介する春まき一年草はツユクサ

（一五六ページ）とホウセンカ（一八〇ページ）。ツユクサは道端にも生える丈夫な植物で、ホウセンカは小学校の教材として用いられる栽培が簡単な植物です。

◎秋まき一年草

秋に種から発芽して、普通は翌年の夏くらいまでに開花結実して枯死する植物です。本書でご紹介する秋まき一年草はツタンカーメンのエンドウ（一五二ページ）とノヂシャ（六八ページ）。エンドウは冬越しに少しだけ注意が必要ですが、基本的に育てやすい野菜。ノヂシャは各地で野生化しているほど丈夫な植物です。

◎球根植物

養分を蓄えて肥大する器官を地下に持つ植物です。春植え球根植物と秋植え（夏・秋植え）球根植物がありますが、本書に掲載した植物はすべて後者です。

ヒヤシンスやチューリップなどの場合、休眠期に球根を掘り上げて保管します。本書でご紹介する球根植物のうち、コルチカム（五二ページ）だけは同様の管理を行いますが、それ以外はいずれもやや乾燥に弱いので、土に植えたままにしておく方がいいでしょう。逆に言えば比較的長期間「植えっぱなし」にできるものが多く、管理が楽な植物です。

◎熱帯・亜熱帯植物

熱帯・亜熱帯産の植物を、本書では便宜上このように呼んでいます。多くは観葉植物や熱帯花木として販売されるものですが、本書では普通はほとんど栽培されないイナゴマメ（一四〇ページ）などもここに含めています。

この中でバオバブ（一二四ページ）だけは、葉を落として休眠するというやや特殊な性質を持っています。しかしそれ以外のほとんどは、一般的な観葉植物と同じ管理法で育てることができます。

◎多肉植物

茎や葉、根など、植物体の一部が肥大して、たくさんの水を貯えることのできる植物を多肉植物と呼びます。ベンケイソウ科やトウダイグサ科など、多肉植物は多数の「科」に存在しています。その中でサボテン科に属するものは数が多く、それだけで一大グループを形成しているので、それらを「サボテン」と呼びます（本書に掲載しているのはサボテン以外の多肉植物のみ）。

本書でご紹介する多肉植物はセイロンベンケイ（一一六ペ

ージ）です。セイロンベンケイは沖縄では野生化しているほど生命力が強く、育てやすい植物です。

◎着生シダ植物

ほかの樹木や岩などに場所を借りて生育するシダ植物です。ただ場所を借りるだけで、ヤドリギなどの寄生植物のように水や栄養をほかの植物から横取りするわけではありません。

本書でご紹介する着生シダ植物はテマリカタヒバ（一六〇ページ）。岩山などに自生する植物で、乾燥に強いのが特徴。日本のイワヒバとほぼ同様の方法で育てることができます。

◎コケ植物

維管束（水などの通路）を持たず、胞子で増える植物です。日本だけでもおよそ千七百種が自生すると言われる大きなグループですが、その割にはあまり知られていません。

本書では「山苔」と総称されるシラガゴケ属のコケを中心にご紹介しています（二四ページ）。栽培が難しいと思われがちですが、植物体全体から水を吸収することなど、性質を知れば長期維持も可能です。

◎寄生植物

ほかの植物から水分や栄養分を横取りして生育する植物です。自身も光合成を行うヤドリギのような半寄生植物と、自身では光合成を行わずに全面的に寄生相手に依存するナンバンギセルのような全寄生植物があります。

寄生植物は園芸にはあまり用いられず、ほかの植物（宿主）に寄生させたナンバンギセルやツクバネが栽培されるくらいでしょう。それ以外の寄生植物は普通、ほとんど育てられることはありませんが、本書ではヤドリギの栽培方法をご紹介しています（六四ページ）。ヤドリギの栽培の決め手は、うまく発芽させて宿主にしっかりと根を下ろさせることができるかどうかにかかっています。

ヤドリギの種を発芽させるには、写真のように宿主の植物に張り付けておきます。種はやがて緑色の根を伸ばして、宿主に寄生します

育て方

◎置き場所

室内で植物を育てるのは難しいと考えた方がいいでしょう。日光を好む植物はもちろん、明るい日陰を好む植物であっても、長期間室内に置きっぱなしにするとだんだんに弱ってしまいます。すべての植物は、基本的に屋外で栽培するものだと考えましょう。

それでも寒さに弱く、多くの地域では屋外で越冬できない熱帯・亜熱帯植物も存在します。このような植物の場合、鉢植えにして気温の低い時期だけ室内に入れるようにします。

長期間暗い場所に置いていた植物を屋外に出す場合、どんなに日光を好む植物でも、いきなり直射日光に当てると葉焼けを起こしてしまいます。まずは明るい日陰にしばらく置いて、日数を掛けてゆっくり日光に慣らしていきましょう。

◎水やり

庭植えの植物の場合、地面にしっかりと根を張るまでは水やりを行った方がいいでしょう。十分に根を張った後は、乾燥が続く時を除いて、あまり水やりを行う必要はありません。

鉢の種類

≪プラスチック鉢2種

左はバラ用のプラスチック鉢。水切れのいい構造の排水孔、害虫や温度の上がりすぎを防ぐ上げ底構造、通気性を保つ底部の切り欠きなどの工夫が凝らされています右はスリット鉢。スリット部に達した根が空気と光に触れて伸長を止め、新しい根を発生させるため、生育に有害な根のサークリング（鉢の内壁に沿って根がぐるぐると巻く現象）を予防します。なお、スリット鉢のメリットを生かすため、鉢底石は使用しません

≫焼き物の鉢4種

左から釉薬鉢、駄温鉢、朱温鉢、素焼き鉢

水やりの方法に悩むのは主に鉢植えの植物の場合でしょう。

水はけのいい用土に植えられた一般的な植物の場合、さかんに生育している時期には、用土の表面が乾き始めた時が水やりの適期です。鉢底から流れ出すくらいの十分な量を与えます。受け皿を使用している場合、すぐに水を捨てるように気を付けましょう。

◎鉢

低温で焼かれた素焼き鉢、やや高温で焼かれた駄温鉢・朱温鉢・テラコッタ鉢、釉薬を掛けて高温で焼かれた釉薬鉢、プラスチック鉢などがあります。この中で素焼き鉢がいちばん通気性に優れる材質で、駄温鉢などは通気性が少なく、プラスチック鉢にはまったく通気性がありません。

しかし排水性に工夫を凝らした製品も多く、プラスチック鉢の中にも使いやすいものがたくさんあります。丈夫で軽量と利点も多いので、上手に利用しましょう。

◎鉢植えの用土

赤玉土七割と腐葉土三割を混ぜた用土、この用土で一般的な植物はよく育ちます。この用土を標準として、たとえば水はけを好む植物の場合は桐生砂を加えるなどの調整を行いま

鉢植えの用土と基本的な植え方

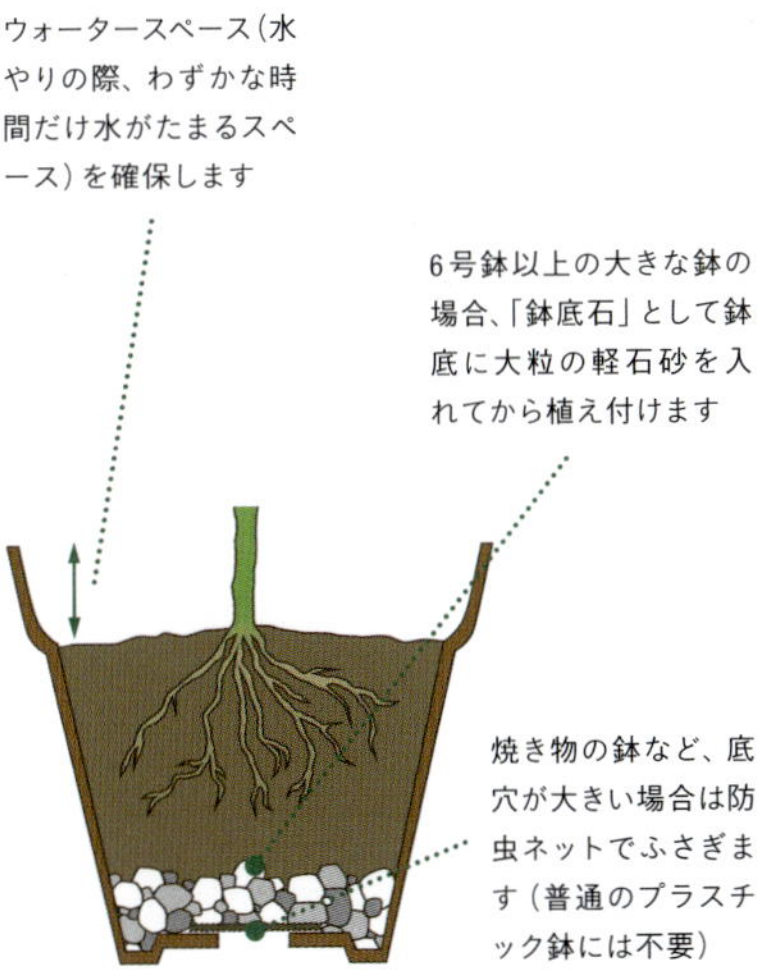
ウォータースペース(水やりの際、わずかな時間だけ水がたまるスペース)を確保します
6号鉢以上の大きな鉢の場合、「鉢底石」として鉢底に大粒の軽石砂を入れてから植え付けます
焼き物の鉢など、底穴が大きい場合は防虫ネットでふさぎます(普通のプラスチック鉢には不要)

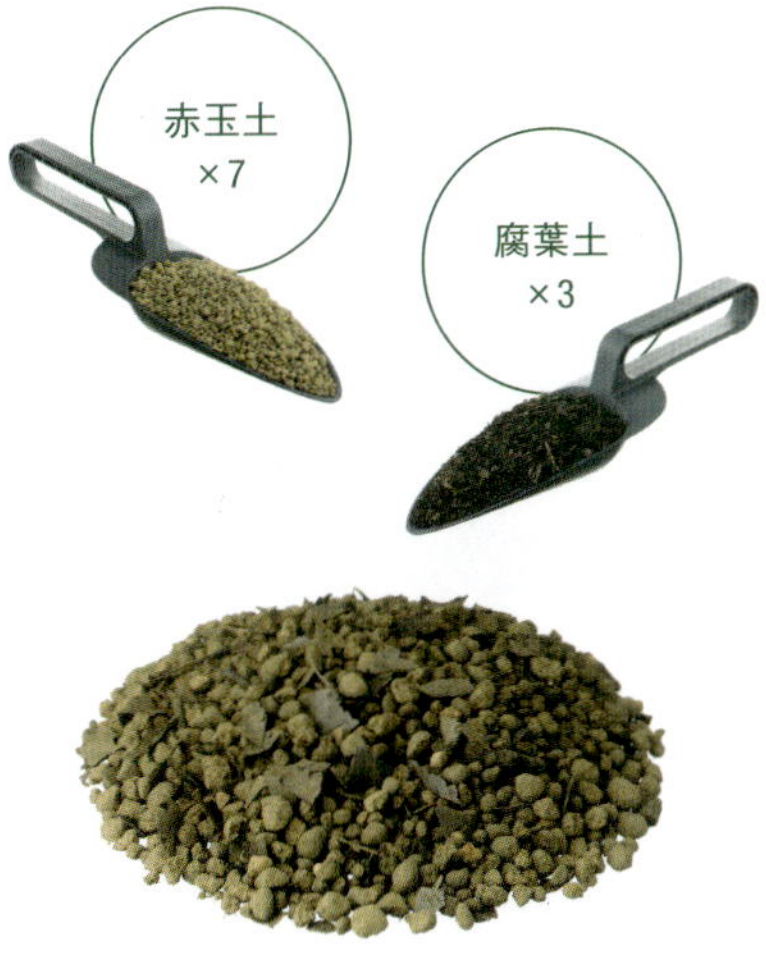
赤玉土
×7
腐葉土
×3

赤玉土7割に腐葉土3割程度を混ぜたものは、多くの植物に用いることができる基本的な用土。ただし、この用土には肥料が含まれていないので、別途与える必要があります

す。具体的な配合例はそれぞれの育て方のページをご覧ください。なお腐葉土には肥料分はあまり含まれていないので、これとは別に必ず肥料を与える必要があります。

一年草には「草花の土」、熱帯・亜熱帯植物には「観葉植物の土」など、市販の培養土を用いてもいいでしょう。元肥の入っている製品もあります。

小さい鉢の場合は必要ありませんが、六号鉢（直径一八センチ）以上の大きい鉢の場合、鉢底石（大粒の軽石砂など）を入れて植え付けます。

◎植え替え

常緑樹の植え付け・植え替え適期は、一般に春と秋（または梅雨ごろ）です。落葉樹の植え付け・植え替え適期は、一般に葉を落として休眠している時期。多年草の植え付け・植え替え適期は、一般に春と秋（マンドラゴラの場合は秋）です。熱帯・亜熱帯植物の場合、十分に気温が上がる五月から梅雨のころが最適期です。

◎肥料（庭植え）

庭植えの常緑樹や落葉樹には、冬に「寒肥《かんごえ》」として有機配合肥料などを与えるのが一般的でしょう。春になって植物が

庭植えの植物への肥料の与え方

土に混ぜても土の上にまいても
使えるタイプの緩効性化成肥料

寒肥に用いる
有機配合肥料

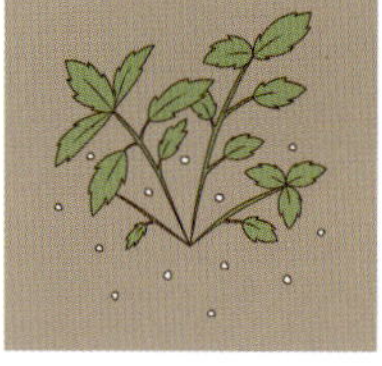

多年草・秋植えの球根植物の場合は、春と秋に株元に緩効性化成肥料などを施すといいでしょう。一年草の場合は植え付けの際に、土に同じ肥料を混ぜておきます

樹木への寒肥の施し方。枝の先端の下あたりに、深さ20～30センチのドーナツ状の溝を掘って肥料を入れ、埋め戻します。ドーナツ状の溝の代わりに、ところどころ穴を掘ってもいいでしょう

生育を始めるころにゆっくり分解されて効果を発揮するように、冬の間に根元から少し離れた場所に穴を掘って施します。寒肥の代わりに、早春に緩効性化成肥料を施してもいいでしょう。

庭植えの多年草・秋植えの球根植物には、春と秋に株元に緩効性化成肥料や発酵固形油粕を与えます。春の施肥の代わりに、冬に寒肥として有機配合肥料を与えてもいいでしょう。

庭植えの一年草には、植える前に土に緩効性化成肥料を混ぜておき、必要に応じて追肥として同じ肥料を施すといいでしょう。

◎肥料（鉢植え）

鉢植えの常緑樹・落葉樹・多年草・秋植えの球根植物には、春と秋に緩効性化成肥料や発酵固形油粕を用土の上に置いて与えます。バラ（モスローズ）のように春から秋まで継続して肥料を与えた方がいいものもあります。

鉢植えの一年草には、元肥として用土に緩効性化成肥料を混ぜておき（元肥入りの用土の場合は不要）、必要に応じて追肥として同じ肥料を施します。

鉢植えの熱帯・亜熱帯植物などには、生長する時期に限って緩効性化成肥料を用土の上に置いて与えます。

鉢植えの植物への肥料の与え方

用土に小粒の緩効性化成肥料を混ぜておく方法。一年草などに向く方法です

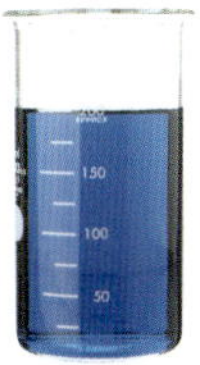

液体肥料

既定の濃度に薄めて不足をおぎなう追肥として用います

用土の上に固形発酵油粕や緩効性化成肥料を置く方法（置き肥）。常緑樹、落葉樹、多年草、球根植物などに向く方法です

固形発酵油粕

未発酵のものは根を傷めるので、鉢植えには必ず発酵油粕を用います

土に混ぜるタイプの緩効性化成肥料

緩効性化成肥料（置き肥用）

錠剤状、粒状、用土に差し込むスティック状の製品があります。カビ・虫などの発生原因になりにくい肥料

◎種まきの方法

種まきの用土は市販の「種まきの用土」や赤玉土（細粒・小粒）などを用いるといいでしょう。

種まきの際、種の二〜三倍の厚さに覆土《ふくど》（土を掛けること）するのが一般的です。非常に細かい種の場合は土を掛けないか、種が見え隠れする程度に覆土します。光によって発芽が促進される好光性種子の場合も同様です。

多くの温帯産植物の種は、冬の寒さを経験した後、春になってから発芽します。種を採取したらすぐにまき、春まで水やりを続けて発芽を待ちます。熱帯・亜熱帯植物の種の中には、硬い皮を持っているものもあります。吸水しやすいように、熱湯に漬けたり傷を付けたりする処置が必要な場合があります。また一般に、発芽には高温を必要とします。

◎挿し木

挿し木はもっとも簡単に植物を増やす方法のひとつです。

しっかりした枝を五〜十センチに切り、下の方の葉を落として先端部に数枚の葉を残して挿し穂とします。葉の大きなものは、葉を半分くらいに切るといいでしょう。

切り口はくさび形に切って用土に挿します。挿し木の用土は、赤玉土など肥料分を含まない清潔なものを用います。

種まき・挿し木

≫挿し木

ベンガルボダイジュなど葉が大きいものは、半分くらいに切ります

標準的な挿し木。葉を数枚付けて赤玉土などに挿します

≫種まき

細かい種の場合、土を掛けないか、見え隠れする程度に覆土

普通の種の場合、種の2〜3倍の厚さに覆土

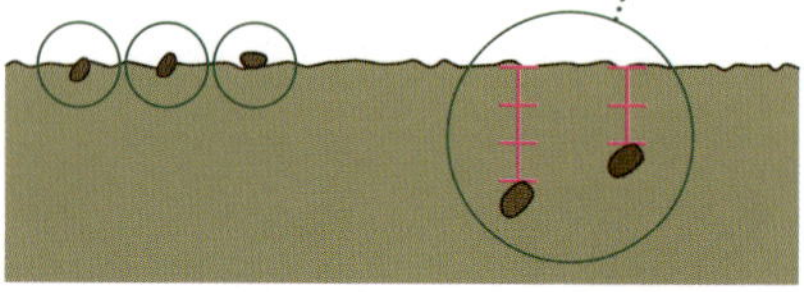

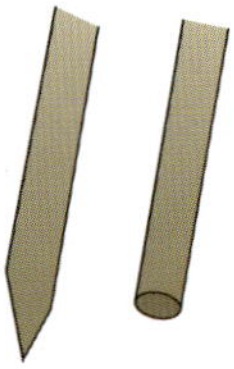

切り口はくさび形に切ります（左）。ただし、ツバキの場合はまっすぐに切った方がその後の生育がいいと言われます（右）

≫葉挿し

多肉植物の中には、1枚の葉から新しい株を作る能力を持つものがあります。たとえばセイロンベンケイの場合、葉を土の上に置いておくとその縁から子株が生えてきます

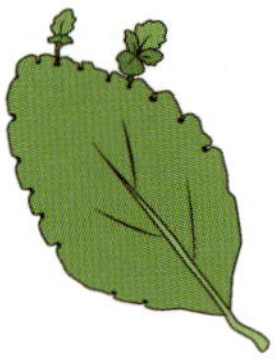

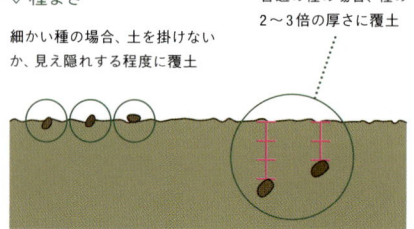

第一章

妖精の宿る植物たち

妖精の花 イングリッシュブルーベル

謎めいた日本の「かごめかごめ」や
残酷な歌詞の多いイギリスのマザーグースなど
わらべ歌や遊び歌には
なんとなく不気味なものが多いようです。
ここでご紹介する
ブルーベルの遊び歌もそのひとつ。
陽気なメロディに乗せて歌われますが
妖精の影が見え隠れするような
不思議な歌です。

In and out the dusty bluebells,
In and out the dusty bluebells,
In and out the dusty bluebells,
Who will be my master?
Tippity-tip-tap
on your shoulder,
Tippity-tip-tap
on your shoulder,
Tippity-tip-tap
on your shoulder,
You will be my master.

くすんだブルーベルの内と外
くすんだブルーベルの内と外
くすんだブルーベルの内と外
私のご主人になるのはだあれ?
ティッピティー　ティップタップ
あなたの肩の上に
ティッピティー　ティップタップ
あなたの肩の上に
ティッピティー　ティップタップ
あなたの肩の上に
あなたが私のご主人になるでしょう

イギリス伝承童謡

右に掲げたのはイギリスの遊び歌です。歌詞と遊びの内容にはいくつかのバリエーションがありますが、その遊び方の一例をご紹介しましょう。まず大勢の子どもたちが輪になって手をつなぎ、その手を高く上げて冒頭の歌を歌います。ひとりの子が「鬼」になり、高く上げられた子どもたちの手をくぐって、輪に出入りしながら回っていきます。「ティッピティー　ティップタップ　あなたの肩の上に」というところで、鬼は輪を作るひとりの子どもの肩を背後から叩きます。肩を叩かれた子は輪から外れ、鬼の肩につかまって一緒に輪を回り始めます。こ

イングリッシュブルーベル
(English bluebell)
Hyacinthoides non-scripta

分類／キジカクシ科（ユリ科）
ヒアキントイデス属
原産地／西ヨーロッパ
タイプ／秋植え球根植物

れを何度も繰り返すことで鬼の列は長くなっていき、反対に輪を構成する子どもはひとりずつ減っていくというわけです。

冒頭の歌は明るいメロディで歌われますが、その歌詞は何となく不気味に響きます。また内容はたあいのない遊戯のようであっても、つかまって鬼に連れ去られることに対する軽いスリルを伴っています。この遊びには、何か暗い記憶でも隠されているのかもしれません。

この歌に出てくるブルーベル――イングリッシュブルーベルは、イギリスでは妖精と関係が深い植物と考えられてきました。イングリッシュブルーベルは林床などに群落を作る植物ですが、一面に咲く暗い青色の花にただならぬ雰囲気が感じられるからでしょうか。あるいは重さに耐えかねたように頭を垂れる花穂から、その上に乗る妖精が空想されたのでしょうか。みだりに花を採ることは戒められ、ひとりで森に入ってこの花を摘む子は消え去って、再び帰ってくることはないと言われてきました。

イングリッシュブルーベルが咲く風景は、いくつかのイギリス映画に印象的に登場します。たとえば映画『ハワーズ・エンド』では、登場人物のひとりがイングリッシュブルーベルの大群落の中を歩く光景が何度か映し出されます。見渡す限り菫青《きんせい》色《しょく》にかすむ大海原のようなイングリッシュブルーベル、そんな中を延々と歩き続けたら、確かに再び人間の世界に戻れなくなるような恐怖を感じるかもしれません。

『フェアリーテール』は、一九一〇年代にイギリスで実際に起きた「コティングリー妖精事件」に材を取った映画です。この事件は二人の少女が撮った「妖精の写真」をめぐる騒動で、シャーロック・ホームズの生みの親であるサー・アーサー・コナン・ドイルをはじめ、多くの人がその写真を本物と信じてしまうという経緯をたどります。この映画で二人の少女が妖精を探すのは、イングリッシュブルーベルが一面に咲く場所でした。

イングリッシュブルーベルは西ヨーロッパ原産の球根植物です。春に芽を出し、五～六月に花穂を伸ばしてベルのような花を咲かせます。先に書いたように花穂はカーブを描いて下垂し、花弁の先端がくるっと巻き上がるのが特徴。似たものにスパニッシュブルーベル（ツリガネズイセン）という地中海沿岸地方原産の植物がありますが、スパニッシュブルーベルの花茎は直立し、花は大きく開いて花弁の先端は巻き上がらない点が異なります。この二種は交雑しやすいため、イギリスのイングリッシュブルーベルの自生地ではスパニッシュブルーベルとの雑種が増えて、生態系の乱れが心配されています。

現在のイギリスでは野生のイングリッシュブルーベルの採取は法律で禁じられています。かつて妖精に守られてきたこの花は、現代では法律に守られているというわけです。

種類と入手法／日本で販売される「イングリッシュブルーベル」の多くは、スパニッシュブルーベルか交雑種のようです。「本当のイングリッシュブルーベル」として販売されているものでも同様。しかし人気が高い花なので、今後、イギリスの法律に則って増殖されたものが流通する可能性はあるかもしれません。

置き場所／一年中、屋外で栽培します。庭植え・鉢植えのどちらでも問題ありません。葉のある時期には日当たりがよく、初夏に葉が枯れた後は日陰になる、やや涼しい場所を選びます。庭植えの場合は、落葉樹の根元などが最適地です。

水やり／鉢植えの場合、用土が乾いたら、鉢底から流れ出すくらい十分に水を与えます。もちろん、雨に当てても構いません。葉のない時期にはやや乾燥ぎみに管理しますが、完全には乾かさないように注意。

剪定／行いません。生育期間が短い植物なので、初夏に枯れるまでは葉を大切にしましょう。

植え付け・植え替え／秋に球根を入手したらすぐに植え付けます。冬にポット苗を入手した場合はそのまま育て、休眠する時期に植え替えます。植え替えは鉢植えの場合はできれば毎年、庭植えの場合は密集しすぎた時に。乾燥にはあまり強くないので、ほかの球根植物のように掘り上げて乾かさないで、すぐに植え付けましょう。球根ひとつ分程度の厚さに土を掛けます。鉢植えには市販の「球根の土」や、赤玉土七割に腐葉土を三割混ぜたものなどを使います。

肥料／秋と春に緩効性化成肥料などを与えます。

病害虫／水はけのいい用土に植え、日当たり・風通しのいい場所で栽培すればあまり発生しません。

増やし方／植え替えの時に、球根を分けて植え付けます。秋に種をまいてもよく発芽しますが、開花するまでに年数が掛かります。

カレンダー

	1	2	3	4	5	6	7	8	9	10	11	12
置き場所	屋外の日当たり					屋外の日陰			屋外の日当たり			
水やり	用土が乾いたら十分に					やや控えめに			用土が乾いたら十分に			
剪定	行わない											
植え付け・植え替え												
肥料(鉢植え)												
肥料(庭植え)	アブラムシ								アブラムシ			
病害虫									球根を分ける・種まき			
増やし方												
開花・結実				開花	結実・種を採る							

キジムナーが宿る ガジュマル

沖縄に言い伝えの残るキジムナーは
いたずら好きでちょっと不気味な妖怪。
人間を助けてくれるいいキジムナーもいれば
逆に人間を傷付ける悪いキジムナーもいて
個性の違いがあるようです。
キジムナーが住むというガジュマルの木も
一本ずつ異なる表情を持つ個性的な存在。
二つとして同じ木はありません。

沖縄県名護市にある国指定天然記念物「ひんぷんガジュマル」は、推定樹齢約三百年とも言われる大きな木です。近年、倒壊を防ぐために支柱が添えられ、大規模な剪定が行われましたが、多数の気根を垂らし、大きく枝を広げた威容は健在のようです。

ひんぷん（屏風）というのは、沖縄の家の門と玄関の間に置かれるついたてのような塀のことで、魔除けと目隠しの役割を果たしています。このガジュマルの根元に、そのひんぷんのような石碑「三府龍脉碑《さんぷりゅうみゃくひ》」が置かれていることから、「ひんぷんガジュマル」と呼ばれるようになりました。また木そのものが、街を守るひんぷんのような存在でもあるのかもしれません。

筆者がひんぷんガジュマルを見たのは一〇年以上前のことですが、その樹上にたくさんの植物が生育していることに驚きました。幹の上方にはシマオオタニワタリと思われるシダが着生し、気根の隙間のわずかな土からはセンダンらしい小さな木が生えていました。そして、根元からオオイタビのような蔓性植物が伸び、気根の表面を覆い始めていたのです。

訪れる鳥や昆虫を含めると、ここにはどれくらいの生物が住んでいるのでしょうか。多数の生物が一体となって、ひとつの木という形を成したのではないかという錯覚にとらわれた記憶があります。ひんぷんガジュマルの根元では気根が幾重にも重なり、薄闇を作り上げています。昔の人がこのような暗がりで

ガジュマル

Ficus microcarpa

分類／クワ科イチジク（フィクス）属

原産地／アジア、オーストラリアの熱帯・亜熱帯地域（日本には種子島・屋久島・琉球諸島に分布）

タイプ／熱帯・亜熱帯植物

キジムナーを見たとしても不思議ではない、ひんぷんガジュマルはそう思わせるような雰囲気をたたえていました。

キジムナーは年を経たガジュマルやアコウに住むという沖縄の妖怪です。赤い髪の子どものような姿で、赤ら顔とも全身が赤いとも言われます。嫌いなものはタコ、おなら、刃物など。タコは嫌いでも見付けるのはうまく、タコを捕ると言われることもあり、何かいわくがありそうです。

魚獲りが上手で、人間と一緒に漁に行くこともあります。キジムナーは魚の左目だけを食べて残りをくれるので、人間はたくさんの魚を持ち帰ることができます。ただし恐ろしい一面もあって、だました人間を傷付けた話も伝わっています。

キジムナーが夜中に家に入ってきて、大の字に寝ている人を押さえ付けることがあります。しかし大声を出せば逃れられると言われ、大きな危害を受けることはないようです。ただし悪いキジムナーが、人間を押さえ付けてお灸《きゅう》を据えることもあり、その場合は痕が水ぶくれになって残ってしまいます。

キジムナーを見るのは難しそうですが、その足跡を見る方法はあります。まず、風のない闇夜にキジムナーの出没しそうな場所に行き、砂を敷いてその上に線香を立てます。次に、離れた場所に隠れて「キジムン キジムン うすうれ キジムン キジムン 開けれ」と唱えます。すると線香の火が強くなったり、消えそうになったりするそうです。これはキジムナーが火を取りに来るためで、線香の回りの砂には小さな足跡がたくさん残されるということです。砂の代わりに小麦粉をまき、「キジムナー、キジムナー、海から山に、タコみーち、むっちめんそーれ（タコ三匹を持ってきてください）」と唱える方法もあるそうです。

＊

キジムナーが住むというガジュマルは、二〇メートルほどになる常緑高木です。東アジア～東南アジアの熱帯・亜熱帯地域に分布し、日本では屋久島・種子島以南に自生しています。インドボダイジュなどと同じ「絞殺木」のひとつで、たくさんの気根を垂らして育ちます。気根は幹の表面をはってその一部となり、あるいは幹から離れた場所で地面に付いて、一株で森のような樹形に育つこともあります。

ガジュマルは観葉植物として人気が高く、いろいろなサイズのものが販売されています。かつては丸太状の太い幹を挿し木して作った鉢物を見掛けましたが、最近では盆栽のような「ニンジンガジュマル」が主流になりました。ガジュマルは地中に埋まった部分を肥大させます。このふくれた根の部分が地上に露出するように仕立てたものがニンジンガジュマルです。ニンジンガジュマルは個性的で、一本一本が違った姿をしています。気に入った形のものをじっくり選んで育ててみましょう。

種類と入手法／園芸店やインテリアショップ、百円ショップなど、いろいろな店で入手が可能です。ニンジンガジュマルが主流ですが、細い挿し木苗も出回ります。白い斑が入るもの、葉が黄緑色になるオウゴンガジュマルなど、いくつかの園芸品種があります。

置き場所／鉢植えにして、気温の高い時期には屋外の日当たりのいい場所に置きます。ただし日陰に慣れた株にいきなり強い光を当てると、葉焼けを起こすので注意。まず屋外の明るい日陰の場所に二週間くらい置き、慣らしてから日当たりのいい場所に移動します。冬は日当たりのいい室内に。冬の最低気温は三℃を保ちます。

水やり／用土が乾いたら、鉢底から流れ出すくらい十分に水を与えます。夏の間は雨に当てても問題ありません。冬、低温の場所では、水やりの頻度をやや控えめに。

剪定／伸びすぎたら行います。ほぼどこで切っても、切り口の下から新芽が伸びてきます。接ぎ木された園芸品種は継ぎ目の上で剪定を。切り口から白い樹液を出すので、拭き取ります。

植え付け・植え替え／植え替えの用土は市販の「観葉植物の土」や、赤玉土七割に腐葉土を三割混ぜたものなどを用います。

肥料／生育する時期に肥料を継続して与えます。緩効性化成肥料の置き肥が使いやすいでしょう。

病害虫／日当たりと風通しのいい場所で病害虫に強い株に育てます。カイガラムシは歯ブラシなどでこすり落とし、アブラムシは薬剤で駆除します。

増やし方／茎を一〇〜一五センチの長さに切り、下の方の葉を取り去ります。切り口から出る樹液をよく洗い流し、赤玉土などの無肥料で清潔な用土に挿します。

カレンダー

*1 3℃以上の日当たりのいい室内に置く。
*2 低温の場所では、やや控えめにする。

<table>
<tr><th></th><th colspan="2">1</th><th colspan="2">2</th><th colspan="2">3</th><th colspan="2">4</th><th colspan="2">5</th><th colspan="2">6</th><th colspan="2">7</th><th colspan="2">8</th><th colspan="2">9</th><th colspan="2">10</th><th colspan="2">11</th><th colspan="2">12</th></tr>
<tr><td>置き場所</td><td colspan="7">*1</td><td colspan="12">屋外の日当たり</td><td colspan="5">*1</td></tr>
<tr><td>水やり</td><td colspan="7">*2</td><td colspan="12">用土が乾いたら十分に</td><td colspan="5">*2</td></tr>
<tr><td>剪定</td><td colspan="7"></td><td colspan="7">→</td><td colspan="10"></td></tr>
<tr><td>植え付け・植え替え</td><td colspan="9"></td><td colspan="4">→</td><td colspan="11"></td></tr>
<tr><td>肥料</td><td colspan="8"></td><td colspan="10">→</td><td colspan="6"></td></tr>
<tr><td>病害虫</td><td colspan="24">アブラムシ・カイガラムシ</td></tr>
<tr><td>増やし方</td><td colspan="10"></td><td colspan="4">挿し木</td><td colspan="10"></td></tr>
<tr><td>開花</td><td colspan="10"></td><td colspan="4">→</td><td colspan="10"></td></tr>
</table>

変わらない緑 永遠の生命の象徴 コケ

コケ植物は世界に二万種ほど
存在すると言われます。
花も咲かせない地味な存在ながら
私たちの目に付かない場所で
ひっそりともうひとつの世界を
作り上げているようです。
この目立たない存在に対して
私たちの祖先はどのような
感情を抱いてきたのでしょうか。

決まった形を持たず、木や岩を緑色に覆い尽くしてしまうコケは何となく神秘的な植物です。陽よりは陰というイメージですが、少なくとも日本の文化においては決して忌み嫌うべき存在とはされてきませんでした。たとえば「苔清水」という言葉。これはコケの間を伝い流れる清水のことですが、清冽《せいれつ》で涼しげな情景を思い起こさせるのではないでしょうか。

『古事記』には、岩のように永遠の命を持つ「石長姫《いわながひめ》」と、美しいけれど短命な「木花之開耶姫《このはなのさくやびめ》」の姉妹の神が登場します。三重県伊勢市の朝熊神社には、この姉妹の神は「苔虫神《こけむしのかみ》」と「桜大刀自神《さくらおおとじのかみ》」の名でまつられて、「苔むし」すなわち「苔生す」ことが永遠の命を象徴していることが伺えます。

海外ではコケはどのようなイメージでとらえられているのでしょうか。英語には「転石苔を生ぜず」（A rolling stone gathers no moss.）ということわざがあります。イギリスにおける本来の意味は「ひとつところに落ち着いていないと、いいことは何も身に付かない」ですが、アメリカでは「いつも活動している人は時代遅れにならない」という意味で使われることが多いようです。これをもって英米の文化の違いを判断するのは早計ですが、コケに対する評価が正反対なのが興味深いところです。

ドイツの言い伝えでは、コケの精のような小さな女の人のことが語られています。彼女たちは「揺さぶり女」と呼ばれ、「夜

ヤマゴケ（山苔）*

Leucobryum spp.

分類／シラガゴケ科シラガゴケ属
原産地／東アジアなど
タイプ／コケ植物
※ここでは、園芸上「山苔」と呼ばれるホソバオキナゴケやアラハシラガゴケを取り上げます（本当のヤマゴケは別の植物）

＊シラガゴケ属の数種の総称

の狩人」に狩りの対象として追われる存在。夜の狩人は角笛を吹き、叫び声を上げて夜の森の中を追い回します。きこりが「神さまのお心のままに」と唱えて切り倒した木の上にいれば揺さぶり女は安全ですが、「お心のままに神さま」と唱えて切った木では効き目がありません。別の話では、小さな女の人は「苔女」と呼ばれ、彼女たちが「狩魔王」から逃れるためには、三つの十字を刻み付けた木に乗る必要があるとされています。

揺さぶり女や苔女は、コケの衣を着て、コケの上に眠る存在です。意地の悪い人をこらしめることもありますが、親切な人には親切な対応を返します。ドイツにおいてもコケとその妖精は嫌うべきものではなく、親しみやすい、優しい存在と考えられたのかもしれません。

＊

日常会話で「苔」という場合、本当のコケ植物以外のものを含んでいます。たとえば「アユは苔を食べる」と言われますが、これは本当のコケ植物ではなく藻類《そうるい》です。またウメノキゴケ（ウメの幹などに生える灰色がかった「苔」）も、本当のコケ植物ではなく地衣類《ちいるい》です。この地衣類というのは不思議なもので、菌類と藻類という二種のまったく別の生物が一緒になって、ひとつの生物のようにふるまっている生命体です。

コケ植物は世界中に二万種ほど、日本にはそのうちの二千種ほどがあると言われます。コケ植物は、蘚類《せんるい》・苔類《たいるい》・ツノゴケ類の三つに大きく分けられます。このうちよく栽培されるのは蘚類で、苔庭などに利用されるスギゴケやホソバオキナゴケ、苔玉などに使われるハイゴケなどはすべてこの仲間です。しかし決して華やかとは言えないコケ植物を、わざわざ栽培するのは日本人くらいかもしれません。

コケ植物と言っても千差万別ですが、全体として見ると適応力が大きく、赤道直下から北極圏・南極圏にいたるまでの広い地域に分布しています。南極には地上のほか、湖の底にひっそりと育つコケも存在します。

極地に育つ植物にとっては、低温ばかりでなく水不足が大きな問題になります。水が液体状態で存在する期間が短いからです。しかしある程度の深さの湖であれば、底の方には常に凍っていない水が存在しています。凍っていないということは水温が〇℃以上あるということ。極寒の地上と比べてかなり暖かい環境です。湖の底に潜ることで、低温と乾燥のふたつの問題を解決できるわけです。南極の湖の底に育つこのコケの群落は、人影のようなシルエットから「コケ坊主」と呼ばれています。コケ坊主の生育はきわめて遅く、一年にわずか〇・七ミリほどしか伸びないと言われます。この永遠に変化しないように見えるコケは、いったい何年生き続けるのでしょうか。

種類と入手法／山苔、ハイゴケ（苔玉に用いられるコケ）、スナゴケ（エゾスナゴケなどシモフリゴケ属数種の総称）などが園芸店で販売されています。それぞれ管理方法は異なるので、ここでは山苔の育て方をご紹介しましょう。

置き場所／鉢植えにして、一年中、屋外の明るい日陰に置きます。

水やり／植物体が乾き始めたら、十分に水を与えます。コケ植物は一般に、根（仮根）だけでなく植物体全体から水分を吸収するので、上から水を掛けて吸水させせます。少量なら霧吹きを用いてもいいでしょう。

剪定／行いません。

植え付け・植え替え／水はけのいい用土を用います。赤玉土単用、あるいは赤玉土と洋ラン用のバークを等量ずつ混ぜた用土などがいいでしょう（用土はいずれも小粒）。厚みのある山苔をそのまま植え付けると、はじめはよく伸びますが、乾きが遅くてやがて腐ってしまうことがあります。裏側の灰色や茶色に変色した部分を削り取って、薄くしてから植え付けるといいでしょう。

肥料／コケだけを栽培している場合は施しません。コケは肥料に弱く、強い肥料を与えると枯れ込むことがあります。盆栽の下草として植えている場合は、肥料がコケに触れないように与えます。

病害虫／病害虫はほとんど発生しないでしょう。盆栽の下草として植えている場合、盆栽に病害虫が発生して薬剤を使用する場合もあります。コケは薬剤に弱いので、ポリ袋などで覆って極力掛けないように注意しましょう。

増やし方／かたまりを小さく分けて植え付けるか、「まきゴケ」で増やします。まきゴケはコケの植物体をよく乾燥させて粉々に砕き、用土の上に薄くまきます。ただし山苔は生長が遅く、ある程度の大きさになるまで日数が掛かります。

カレンダー

	1	2	3	4	5	6	7	8	9	10	11	12
置き場所	屋外の明るい日陰（1〜12月）											
水やり	コケが乾き始めたら十分に（1〜12月）											
剪定	行わない											
植え付け・植え替え				●	●				●	●		
肥料	与えない											
病害虫	ほとんどなし											
増やし方				株分け・まきゴケ	●							

水辺を司る魔王
ヨーロッパハンノキ

ハンノキの王、エールケーニッヒは
水辺にひそむ恐ろしい存在です。
甘い言葉で子どもを誘い、
水と陸とのあわいに引き込みます。
しかし、ゲーテによって語られた
エールケーニッヒとは
じつは誤訳から生まれた存在でした。
ハンノキの王の誕生のいきさつを
探ってみましょう。

ゲーテ作詩、シューベルト作曲の『魔王』は、胸を引き裂かれるような不安に満ちた歌曲です。この詩は本来、歌劇『漁師の娘』の劇中歌として作られたものですが、後にシューベルトの作曲により独立した歌曲として有名になりました。

『魔王』は息子を抱きかかえ、夜を突いて馬を駆る父親を描いています。子どもは魔王におびえますが、父親には魔王の存在を感知することはできません。魔王は楽しい遊びや金の服で子どもを誘い、一緒に行こうと言いますが、その声は父親には枯れ葉のざわめきにしか聞こえません。魔王の娘たちの姿も、父親にはヤナギの木々としか映らないのです。しかし、ついに子どもの恐怖は父親に伝染し、父親は馬を急がせます。しかし、家に帰り着くと腕の中の子どもはすでに息絶えていました。

『魔王』のドイツ語の原題は『Erlkönig エールケーニッヒ』で、ハンノキの王という意味。ゲーテはデンマークの詩から着想を得たのですが、もとの詩は『妖精の王』というもので、ハンノキとは関係はありませんでした。ゲーテが参照したのは文学者・哲学者のヘルダーがドイツ語に翻訳したもので、ヘルダーは妖精という意味のデンマーク語 eller を誤ってハンノキ（ドイツ語で Erle）と訳してしまったようです。ヘルダーの故郷の方言では Eller はハンノキを指す言葉だったためです。

ヘルダーが誤訳し、ゲーテがそこから想像をふくらませたハ

ヨーロッパハンノキ（ヨーロッパ榛の木）

Alnus glutinosa

分類／カバノキ科ハンノキ属
原産地／ヨーロッパ、北アフリカなど
タイプ／落葉樹

ンノキとはヨーロッパハンノキのことです。エールケーニッヒは誤訳から生まれた存在ですが、しかしヨーロッパハンノキはもともと妖精の木としての素質を持っていました。古代ケルトではハンノキは妖精の国へいたる道を守る木とされていたのです。妖精と関連付けられたのは、この木が気味の悪い危険な場所、水辺や湿地などに好んで生育するせいかもしれません。

『魔王』が収められた『漁師の娘』は、漁師の娘とその婚約者の、ちょっとした感情のもつれから起こる騒動を描いた喜劇です。そのストーリーをご紹介しましょう。

漁師の娘は漁に出た婚約者を待っていますが、遅くなっても戻ってきません。そこで、気持ちを落ち着けようと歌うのが『魔王』の歌です。我慢できなくなった娘は、婚約者をこらしめようとして身を隠してしまいます。戻った婚約者が歌うのは、水の精が人間の娘をさらうという歌。彼は娘が水に落ちたのではないかと心配します。近所の人々も出てきて大騒動になりますが、そこに娘が姿を現してハッピーエンドとなります。

この歌劇の初演は、ゲーテのガルテンハウス（庭の家の意味）があるイルム河畔の野外劇場で行われました。なお初演時の『魔王』に付けられたのは、シューベルトのものとはまったく異なる単純な曲だったようです。『漁師の娘』は上演された場所、ストーリーや歌の内容など、すべてが水に関連しています。そこで歌われるハンノキの王の歌、『魔王』もやはり、水のイメージを構成するひとつの要素なのでしょう。ハンノキは水と陸との境界を司る樹木だからです。

＊

ヨーロッパハンノキは樹高二〇メートル以上に生長する落葉高木で、ヨーロッパ、北アフリカなどに分布します。若い枝は赤色ですが、古い枝や幹の樹皮は黒みを帯びます。葉の縁には粗い鋸歯《きょし》（ぎざぎざ）があり、長さ一〇センチほどになります。秋になっても葉色は変わらず、緑色のまま落葉しますが、これはハンノキ属の多くの種に共通する特徴です。

開花は三～四月で、細長く垂れ下がる雄花序《ゆうかじょ》（雄花の集まり）と卵形の雌花序《しかじょ》（雌花の集まり）の両方をひとつの木に付けます。このうち種子を付けるのは、もちろん雌花序の方です。

ヨーロッパハンノキを含むハンノキ属の植物の根には、放線菌という細菌が共生しています。放線菌は空気中の窒素を固定して樹木に供給するので、この仲間は肥料分の少ない湿地や荒れ地でも生きられるのです。またハンノキ属の植物によって土地が豊かになり、ほかの植物も生育できるようになります。

ヨーロッパハンノキの材は水に非常に強く、橋などの建材として利用されてきました。イタリアの水の都・ヴェネチアの礎には、ヨーロッパハンノキの杭が大量に使われています。

種類と入手法／原種のほか、樹形や葉の形などが異なるいくつかの園芸品種があります。しかし、原種・園芸品種ともに販売されることはまれなようです。通販などで根気よく探してみてください。種が入手できれば発芽させるのはとても簡単です。

置き場所／日当たりのいい場所に庭植えにするか、鉢植えにして同様の場所に置きます。

水やり／鉢植えの場合、用土が乾いたら、鉢底から流れ出すくらい十分に水を与えます。雨に当てても構いません。水切れには弱いので注意。

剪定／生長が早いので、必要に応じて行います。

植え付け・植え替え／春に行います。やや大きな木でも、移植は比較的容易。鉢植えの用土は、赤玉土七割に腐葉土を三割混ぜたものなどを用います。酸性の用土を好むので鹿沼土を混ぜてもいいでしょう。強いアルカリ性以外の土ならよく育ちます。水を好み、川のほとりではよく育ちますが、停滞した水に漬かっていると根が傷みます。庭植えの場合、水がなかなか引かないような場所は避けた方がいいでしょう。

肥料／庭植えの場合は冬に有機配合肥料、鉢植えの場合は春・秋に緩効性化成肥料か発酵固形油粕を施します。施肥はやや控えめに。アルカリ性の土壌を嫌うので、石灰は施さないようにしましょう。

病害虫／病害虫は少なく丈夫な植物ですが、テッポウムシ（カミキリムシの幼虫）が付くことがあります。幹に穴をあけ、その奥に潜んでいるので、薬剤を注入して駆除します。

増やし方／種まきで増やします。松かさのような雌花序に入っている小さな種を取り出してまきます。植え付け・植え替え用の用土にまき、種が隠れるくらいに細かい土を掛けます。ヨーロッパハンノキの種は寒さにあわせる必要がないようで、春にまいてもよく発芽します。

カレンダー

<table>
<tr><th></th><th>1</th><th>2</th><th>3</th><th>4</th><th>5</th><th>6</th><th>7</th><th>8</th><th>9</th><th>10</th><th>11</th><th>12</th></tr>
<tr><td>置き場所</td><td colspan="12">屋外の日当たり</td></tr>
<tr><td>水やり（鉢栽培）</td><td colspan="12">用土が乾いたら十分に</td></tr>
<tr><td>剪定</td><td colspan="2"></td><td></td><td></td><td></td><td></td><td></td><td></td><td></td><td></td><td></td><td></td></tr>
<tr><td>植え付け・植え替え</td><td></td><td></td><td colspan="2"></td><td></td><td></td><td></td><td></td><td></td><td></td><td></td><td></td></tr>
<tr><td>肥料</td><td colspan="2">庭植え</td><td colspan="2">鉢植え</td><td></td><td></td><td></td><td></td><td></td><td></td><td></td><td></td></tr>
<tr><td>病害虫</td><td colspan="12">テッポウムシ</td></tr>
<tr><td>増やし方</td><td colspan="3">種まき</td><td></td><td></td><td></td><td></td><td></td><td></td><td></td><td colspan="2">種まき</td></tr>
<tr><td>開花・結実</td><td></td><td></td><td colspan="2">開花</td><td></td><td></td><td></td><td></td><td></td><td>結実・種を採る</td><td></td><td></td></tr>
</table>

木いちごの王さまのラズベリー

カジイチゴやクマイチゴ、クサイチゴなど日本にも食べられる木いちごがあります。子どものころ、初夏の森で赤やオレンジの宝石のような実を見付けて胸をときめかせたことはないでしょうか。

『木いちごの王さま』はヨーロッパの木いちご・ラズベリーを摘みに行った小さな姉妹の物語です。


——小さな姉妹、テッサとアイナは家で木いちごを洗っていて、小さな虫を見付けました。二人はその虫を茂みの中に持って行き、スズメに見付からないようにそっと隠してあげました。

——木いちごとクリームの昼ご飯を食べた後、二人は森へ木いちごを摘みに行きました。冬に食べるジャムを作るためです。木いちごはなかなか見付からず、二人は森の奥へ奥へと入って行かなければなりませんでした。そして、とうとう素晴らしい木いちごの茂みを見付けたのです。二人は夢中になって摘みますが、そのうちに日が暮れてしまいました。

——家に帰りたくて、二人は必死に歩きました。しばらく歩くと開けた場所に出ましたが、そこはさっき木いちごを摘んだ場所です。ぐるっと回って同じ所に戻ってしまったのです。

——二人は大きな石に座って泣き出してしまいました。「お腹がすいた」と言うと、二人の手の中にフライが乗ったバター付きのパンと、ミルクが入ったコップが現れました。食べ終わって「柔らかいベッドがあったら」と言うとベッドが出てきて、二人はぐっすりと眠ることができました。

——そして翌朝、「木いちごの国の王」と名乗る小さなおじいさんが現れます。テッサとアイナが助けた虫の正体は、この木いちごの王さまだったのです…

フィンランドの作家・詩人・歴史学者のサカリアス・トペリ

ラズベリー（raspberry）
Rubus cvs.

分類／バラ科キイチゴ属
原産地／ヨーロッパなどに自生する*Rubus idaeus*などから作り出された園芸品種群
タイプ／落葉樹
※写真は‘インディアンサマー’

ウス（一八一八―九八）が書いた『木いちごの王さま』という童話です。木いちごの王さまのお礼が素朴なごちそうとふかふかのベッドというところが、何ともほほえましくはないでしょうか。木いちごの王さまがどんな人（？）なのか、なぜ虫に姿を変えていたのかを知りたい方は、ぜひ本をお読みになってください。全編に登場する、真っ赤な木いちごのイメージが楽しい物語です。

トペリウスは帝政ロシア支配下のフィンランドに生まれました。彼は新聞社に勤務した後、ヘルシンキ大学で教授、学長を経験しています。大学を退職後、文学に専念し、多数の童話を書き残して「フィンランドのアンデルセン」と呼ばれています。

彼の童話としては、ほかに『星のひとみ』という作品集も翻訳されています。その中の『古い小屋』は、姉妹が森にイチゴを摘みに行くという筋立ては似ていますが、『木いちごの王さま』とはまた異なる、不思議な余韻に満ちた物語となっています。

＊

現在、果実を収穫するために栽培されている木いちごには、ラズベリー、ブラックベリー、デューベリーの三系統があります。そしてさらに、ラズベリーはレッドラズベリー・ブラックラズベリー（ブラックベリーとは違うもの）・パープルラズベリーの三つの系統に分かれます。ここでは、ラズベリーの中のレッドラズベリーに限ってご紹介しましょう。レッドラズベリーはヨーロピアンラズベリー（*Rubus idaeus*）――『木いちごの王さま』の木いちごは、このヨーロピアンラズベリーのことでしょう――などを元に作り出された栽培品種群です。

レッドラズベリーは丈の低い落葉低木で、枝にはとげが密生します（扱いに困るほど強いとげではありません）。葉は複葉で、深い切れ込みによって三～五枚に分かれます。レッドラズベリーの花は白色で実は赤色ですが、黄色い実のものもあります。夏に結実しますが、秋にも実が成る二季なり品種もあります。

ラズベリーの実は、熟すと芯（花床）を枝に残してぽろっと外れます。外れた実は中央にぽっかりと空洞のある壺のような形になります。このように空洞のある実を付けるのがラズベリーの特徴で、ブラックベリーやデューベリーとの相違点。ただし空洞があるために、ラズベリーの実は形崩れしやすいのが難点です。小さな虫に変身した木いちごの王さまは、この空洞の中にじっと身をひそめていたのでしょう。また、森で出会った王さまは赤い帽子をかぶっていたと書かれていますが、その帽子はきっとラズベリーの実の形だったに違いありません。

ラズベリーの実は適度の酸味と甘み、香りがあって、そのまま食べてもおいしいものです。たくさん採れた時は冷凍して保存するか、ジャムなどに加工してもいいでしょう。

種類と入手法／夏と秋の二回収穫できる二季なり性の‘インディアンサマー’や‘サマーフェスティバル’などがよく販売されます。黄色い実の‘ゴールデンクイーン’もレッドラズベリーの栽培品種。いずれも一株（一品種）だけでよく結実します。

置き場所／日当たりのいい場所に庭植えにするか、鉢植えにして同様の場所に置きます。夏はやや涼しい場所に。

水やり／鉢植えの場合、用土が乾いたら、鉢底から流れ出すくらい十分に水を与えます。もちろん、雨に当てても構いません。

剪定／株の根元から長い茎（シュート）が伸び、二回目の冬を迎えるとその茎は枯死します。一季なり品種ではシュートが伸び出した年の翌年の夏にだけ実を付けますが、二季なり品種の場合、シュートが伸び出した年の秋、翌年の夏の二回にわたって結実します。夏の剪定では、今年伸びた新しいシュートの先端を、根元から二〇節ほどの位置で剪定します。冬の剪定では、二回目の冬を迎えて枯死したシュートを根元から切ります。同時に、今年伸びたシュートに付く枝の先端を剪定します。

植え付け・植え替え／一般的な地域では春か秋、寒冷地では春に行います。鉢植えの用土は、小粒の赤玉土七割に腐葉土を三割くらい混ぜたものなどを用います。

肥料／春・初夏・夏に、庭植えの場合は速効性の化成肥料など、鉢植えの場合は緩効性化成肥料か発酵固形油粕を施します。

病害虫／ハダニ予防のために葉にシャワーを。葉を食べるマメコガネは見つけ次第捕まえます。灰色カビ病を予防するため、風通しのいい場所で栽培しましょう（殺菌剤を用いる場合は花後に散布します）。

増やし方／植え替え時に株分けで増やします。シュートを数本ずつに分けて植え付けます。

カレンダー　　*1 二季なりの品種の場合。

	1	2	3	4	5	6	7	8	9	10	11	12
置き場所	屋外の日当たり →	→	→	→	→	→	→	→	→	→	→	→
水やり（鉢栽培）	用土が乾いたら十分に →	→	→	→	→	→	→	→	→	→	→	→
剪定	→	→			→	→						→
植え付け・植え替え			一般地・寒冷地								一般地	
肥料			→		→			→	→			
病害虫					ハダニ・マメコガネ・灰色カビ病 →	→	→	→				
増やし方			株分け									
開花・結実				開花 →	→	結実 →	→	開花*1 →	→	結実*1 →		

Column 1

妖精とキツネのいる場所

一六ページでは妖精と関係が深い植物としてイングリッシュブルーベルをご紹介しました。この花を摘む子どもはどこかに消えてしまうとされたのはすでに書いた通りですが、大人が同じことをした場合は妖精に森の中を引き回されることになると言われました。

また一七六ページでは、キツネに惑わされた子どもがヒガンバナをたくさん抱えてさまよい歩く話を紹介しています。子どもが歩いていた場所ははっきりと示されてはいませんが、想像するにヒガンバナが一面に咲き乱れる道だったのではないかと思われます。

国・季節・花の種類は異なりますが、

イングリッシュブルーベルの群生地（イギリス）

このふたつの例には共通点があるように思われます。つまり、ある花が大量に咲いている場所で何か不思議な存在にとりつかれてしまうという点です。

「高速道路催眠現象」、ハイウェイヒプノーシス（highway hypnosis）と呼ばれる現象をご存じでしょうか。これは高速道路で運転をしている時に、まるで催眠術に掛かったような半睡半覚の状態に陥ってしまう現象。単調な風景がどこまでも続く、まっすぐな道で長時間運転を続けていると発生すると言われます。

同じ花が一面に咲く場所を延々と歩き続けた人が、それと似た催眠状態に陥るという出来事がかつて実際にあったのではないでしょうか。そして、何かにとりつかれたような行動を取ったのではないかと筆者は空想してみましたが、本当のところはどうでしょうか。

ヒガンバナの群生地（日本）

第二章

物語に登場する植物たち

レオンが愛したアグラオネマ

植物が脚光を浴びる映画はあまり多くはありません。ましてアクション映画で大きな役割を果たした例は『レオン』以前にはほとんどなかったのではないでしょうか。殺し屋レオンが大切にしていた観葉植物のアグラオネマをご紹介します。

リュック・ベッソン監督の映画『レオン』の中で、ジャン・レノ扮する殺し屋レオンは一鉢の観葉植物を育てていました。毎朝その鉢植えを窓の外に出し、「仕事」が終わって家に戻ると着替えもそこそこに部屋に取り入れます。彼自身は、おそらくこの植物の名前さえ知らなかったのではないでしょうか。管理方法も自己流です。それでもスプレーでそっと葉に水を吹き掛け、一枚一枚の葉を丁寧に拭き取る様子から、彼がこの植物をとても大切にしていることが伺えます。

彼がこの植物を育てるようになった経緯は語られていません。レオンの普段の行動から想像をふくらませると、もしかしたらだれかに押し付けられて仕方なく育て始めたのかもしれません。ただ自分が生き残ることだけを目的としているようなレオンですから、そうでもなければ植物を育てようとは思わないのではないでしょうか。鉢植えの植物など、彼にとっては足手まとい以外の何ものでもありません。現に一度、映画の中で彼はこの植物のために命を危険にさらしています。しかし、この植物がなかったら彼の生活はきっと途方もなく寂しいものだったに違いありません。命を救ったマチルダ（ナタリー・ポートマン）という少女に植物のことを聞かれたレオンは、「親友だ。根を下ろしていないところがおれと似ている」と答えています。

マチルダは、麻薬取締局の捜査官スタンフィールドに家族全

アグラオネマ

Aglaonema spp.／*Aglaonema* cvs.

分類／サトイモ科アグラオネマ属
原産地／熱帯アジア
タイプ／熱帯・亜熱帯植物
※写真は‘カーティシー ホワイトステム’と呼ばれるもの

員を殺された身の上です。彼女は復讐を図りますが、失敗して逆にレオンともども命を狙われることになります。スタンフィールド率いる警官隊にアパートを包囲されたレオンは、マチルダと大切な植物だけを何とか脱出させます。レオン自身は警官になりすまして何とかアパートの出口までたどり着くのですが…未見の方のため、レオンとマチルダ、そしてこの植物がどうなるのかは書きませんが、ラストシーンではこの植物がとても重要な役割を果たしていました。

　レオンが大切にしていたこの植物の名前はアグラオネマと言います。アグラオネマはサトイモ科アグラオネマ属の植物の総称で、この属には約三〇種（五〇種とも言われる）の原種があり、主に熱帯アジアに自生しています。そしていくつかの原種を元に、葉にさまざまな模様や斑が入る園芸品種が作り出されています。レオンが育てていたのはそのうちのどれでしょうか。似たものが多く、特定はやや難しいのですが、おそらく園芸品種の〝カーティシー〟あたりではないかと筆者は思っています。

　かなり以前のことですが、インターネット上でこの「レオンの観葉植物」の正体が話題になったことがあります。そのころはアグラオネマという意見のほか、カラテア（華やかな模様の葉を持つクズウコン科の観葉植物）という意見もあったようです。筆者は自身の作っているサイトに「アグラオネマ〝カーティシー〟ではないか」と書きました。それ以来、レオンの観葉植物＝アグラオネマ〝カーティシー〟とされることが多くなったようです。現在でも、数あるアグラオネマの中で〝カーティシー〟の人気だけがとりわけ高く、ネットオークションなどでもこれだけは常に高値が付くようです。

　映画では葉だけの植物のように見えるアグラオネマですが、これは年数が経っていないため。生長し下葉が落ちると茎が目立つようになり、たとえば〝カーティシー〟なら七〇センチほどの高さに生長します。一般に低温には弱いのですが、光線不足には耐えるものが多く、室内のインテリア植物として大変便利な存在です。気を付けていると、オフィスビルやホテルのロビーなどでこの植物に出会えるかもしれません。

　最近になって赤やピンクの鮮やかな葉色の園芸品種も見掛けるようになりましたが、ややくすんだ斑の入る緑色の葉のものが主流で、どちらかというと地味な植物です。ある程度の大きさになると、ミズバショウやカラーに似た雰囲気の花序を付けます。これは仏炎苞《ぶつえんほう》と呼ばれる葉のような器官に包まれた棒状の花序で、原種や園芸品種によって多少異なりますが、いずれもあまり華やかなものではありません。葉も花もあまり目立たないひっそりとした存在のアグラオネマ。しかし、そんなところにレオンは親しみをおぼえたのかもしれません。

種類と入手法／緑地に銀緑色の模様を持つ「シルバーキング」や「シルバークイーン」、金属光沢を持つ葉の「メタリカ」などがよく販売されています。「カーティシー」はめったに店頭に並ばないので通販を利用しますが、品薄で高価です。

置き場所／鉢植えにして、気温の高い時期には屋外の明るい日陰、冬は室内に置き、レースのカーテン越しくらいの光を当てるようにします。強い日光に当てると（特にいきなり当てると）葉焼けを起こすので注意。冬の最低気温は、一〇～一五℃を保ちます。耐寒性は種や園芸品種により異なり、水をかなり控えれば、短時間なら五℃くらいまで耐えるものもあります（ただし激しく傷みます）。冬は日照を犠牲にしても、最低気温が少しでも高い場所に置くようにしましょう。

水やり／用土が乾いたら、鉢底から流れ出すくらい十分に水を与えます。夏の間は雨に当てても問題ありません。冬、気温を確保できない場合は、前述のように用土を乾かしぎみに保ちます。

剪定／伸びすぎたら行います。ほぼどこで切っても、切り口の下から新芽が伸びてきます。

植え付け・植え替え／植え替えの用土は市販の「観葉植物の土」や、赤玉土七割に腐葉土を三割混ぜたものなどを用います。

肥料／生育する時期に肥料を継続して与えます。緩効性化成肥料の置き肥が使いやすいでしょう。

病害虫／病害虫は少なく、基本的に丈夫な植物です。カイガラムシが発生したら歯ブラシで軽くこするか、布で拭き取るように落とします。

増やし方／茎を一〇～二〇センチの長さに切り、下の方の葉を取って、赤玉土などの無肥料で清潔な用土に挿します。水に挿しておくだけでも発根するので、それを植え付けてもいいでしょう。

カレンダー

*1 10～15℃以上の室内の明るい日陰に置く。

*2 低温の場所では、やや控えめにする。

	1	2	3	4	5	6	7	8	9	10	11	12
置き場所	→	*1	→	→	→	→	屋外の明るい日陰	→	→	→	*1	→
水やり	→	*2	→	→	→	→	用土が乾いたら十分に	→	→	→	*2	→
剪定						→	→					
植え付け・植え替え						→	→					
肥料					→	→	→	→	→			
病害虫	→	→	→	→	→	→	カイガラムシ	→	→	→	→	→
増やし方						→	挿し木					
開花							→	→				

アボカドを育てるブルース・ウィリス

植物が好きな人なら
スーパーで買ったアボカドから種を取り出して
発芽させた経験があるかもしれません。
しかし、アクション映画の主人公が
同じことをしていたら
ちょっと不思議に感じられることでしょう。
『レオン』に続いてもう一作、
植物が出てくる映画をご紹介します。
アボカドを育てるブルース・ウィリスが登場する
『RED／レッド』という映画です。

映画『RED／レッド』は、主人公の静かな生活の描写から始まります。主人公の名はフランク・モーゼズ。ブルース・ウィリスが演じる年金暮らしの男性です。午前六時ちょうどに目覚まし時計なしで目覚め、七時ぴったりに朝食を終えた後にトレーニングを行い、一二時になると同時に昼食を食べ始めます。

彼がひとりで暮らす部屋には余分なものがほとんどなく、水栽培のアボカドが数少ない彩りです。すっかり枯れた生活のようですが、時折電話で話す年金係の女性・サラと話題を共有したくて、彼女が読んでいるのと同じ恋愛小説を読み始めます。アボカドを育て始めたのも、どうやら彼女の影響のようです。彼はアボカドの種に数本の爪楊枝を刺して支えとし、ジャム瓶のような容器に入れて育てていました。

現在は平穏な生活を送っているようですが、規則正しすぎる生活態度や朝のハードなトレーニングの様子は、彼が何か普通ではない生活を送ってきたことを暗示しています。何より『ダイ・ハード』シリーズのブルース・ウィリスが演じているのですから、フランクがただものではないことは容易に想像できます。その想像の通りで、じつはフランクはリタイアしたCIA職員で、RED——Retired, Extremely Dangerous（字幕では「超危険な年金生活者」と訳されていました）——と呼ばれ、CIA局内で要注意人物とされる存在だったのです。

アボカド（avocado）

Persea americana

分類／クスノキ科ワニナシ属

原産地／中央アメリカ

タイプ／熱帯・亜熱帯植物

静かなフランクの家に謎の武装集団が侵入したことをきっかけに、映画は一転してアクションシーンの連続になります。この後の展開に興味のある方は、ぜひ映画をご覧ください。モーガン・フリーマン、ジョン・マルコビッチ、ヘレン・ミレンらが共演する、出演者の平均年齢が高めな、ちょっと変わったアクション・コメディ映画です。

さて、フランクが育てていたアボカドはどうなったのでしょうか。植物好きとしては気になるところですが、残念ながら映画の冒頭にしか出てきません。平穏な生活とともに、このアボカドも失われてしまったようです。

＊

アボカドは中央アメリカ原産の常緑高木で、野生では樹高二五メートルに達するものもあります。際立った特徴の少ない木ですが、暑い国の植物らしく大きめの葉を付ける点が特徴的でしょうか。花序（花の集まり）は枝の先端に付きます。花は淡い緑色の六弁花で、花の直径は一センチほど。果実の形は球形、卵形、洋ナシ形などで、果実の表面の色・質感も多様です。果実の重さは五〇グラムほどのものから、一・五キロになるものまであります。ギネス世界記録には、最も重いアボカドの重量として二・一九キロという数値が記録されています。

アボカドには性質の異なる系統があり、グアテマラ系・メキシコ系・西インド諸島系の三つに大別されます。現在、日本のスーパーで販売されているのはほとんどが〝ハス〟（Hass）というグアテマラ系の栽培品種です。グアテマラ系の果実はやや大きめで、果実の表面には細かい凹凸があるものが多く、ワニナシという和名がぴったりです。グアテマラ系のアボカドはメキシコ系に比べて耐寒性がやや弱く、展開したての新しい葉が赤みを帯びるのが特徴です。

アボカドの果実の成分はフルーツとしては変わっていて、多量の脂肪を含んでいます。しかしそのほとんどがオレイン酸などの不飽和脂肪酸。ビタミンEや食物繊維も比較的多く含み、カロリーは高いのですが健康的な食品と言えるでしょう。

果実の中の種は大きくて存在感があります。意外なようですがこの丸い部分はほとんどが子葉、つまり双葉に当たります。種をまくと丸い部分が二つに割れて発芽しますが、この二つに分かれた部分が開いた双葉というわけです。この大きな双葉の中には栄養がたっぷりと含まれていますが、これは親の木が子どものために用意したいわば「お弁当」です。

『RED／レッド』のフランクがそうしていたように、発芽させたアボカドは、短期間なら室内に置いて水栽培で楽しむことができます。水だけでしばらく生長できるのは、この大きな双葉の中に蓄えられた「お弁当」のお陰というわけです。

種類と入手法／ここでは食用のアボカドの種をまいて、観葉植物として育てる方法を主にご紹介しましょう。〝ハス〟という品種の果実なら、一年中スーパー等で入手可能です。収穫を目指す場合は品種を選んで苗を購入します。アボカドは自家受粉しづらいので、結実させるには相性のいい（開花習性の異なる）二つ以上の品種を育てた方がいいでしょう。

置き場所／鉢植えの場合、春～秋は日当たりのいい屋外に置きます。急に日当たりに出すと葉焼けを起こすので注意。日数を掛けて半日陰から慣らします。零下五℃に耐える品種もありますが、〝ハス〟の種から生まれた苗は〇℃以上を保った方が安全。冬は室内に取り込みましょう。暖かい地域では露地栽培も可能です。

種まき／適期は五～六月。果実から種を取り出し、台所用洗剤で油を落とし、よく洗い流してからすぐにまきます。用土は赤玉土や市販の「種まきの土」など。種は尖った方を上にして、頭が少し見えるくらいに土を掛けます。発芽までは乾かさないように。水栽培の場合は種の半分くらいを水につけましょう。クロッカス用の水栽培ポットがぴったりです。一～数か月で発芽します。

水やり／鉢植えの場合、用土が乾いたら、鉢底から流れ出すくらい十分に水を与えます。もちろん、雨に当てても構いません。

剪定／三～四月に行います。

植え付け・植え替え／用土にまいた場合は翌年の五～六月に植え替えます。以降の植え替えは数年ごとに。鉢植えの用土は、赤玉土七割に腐葉土を三割混ぜたものなどを用います。水栽培の場合はいずれ衰弱するので、早く土に植え付けましょう。

肥料／発芽後一か月めに与え、以降は毎年九月と四月に施します。緩効性化成肥料が使いやすいでしょう。

病害虫／カイガラムシは歯ブラシで、アブラムシは薬剤で駆除します。

カレンダー

*1 低温の場所では、やや控えめにする。

	1	2	3	4	5	6	7	8	9	10	11	12
置き場所（鉢栽培）	室内の日当たり（1～4月）				屋外の日当たり（4～10月）						室内の日当たり（11～12月）	
水やり（鉢栽培）	*1（1～4月）				用土が乾いたら十分に（4～10月）						*1（11～12月）	
剪定			3～4月									
植え付け・植え替え					5～6月							
肥料					5～9月							
病害虫	アブラムシ・カイガラムシ（1～12月）											
増やし方					種まき（5～6月）							
開花			3～4月									

うわばみの消化薬？オヘビイチゴ

落語ファンにはおなじみの
『そば清』と『蛇含草』。
荒唐無稽な内容ですが
ものの見方を一八〇度変えてしまう
見事な「落ち」がつく傑作です。
これらの話に出てくる
不思議な草は実在するのでしょうか。
落語に出てくる植物を
ちょっと真面目に考察してみました。

そば屋でもりそばを一三枚食べた男がいました。それを見ていた町内の若い衆が、翌日、その男に持ち掛けます。「もし一五枚のもりそばを食べられたら、一分《いちぶ》のお金を差し上げましょう。その代わり、食べられなかったらあなたが一分払うという賭けをしませんか」と。男は一五枚のそばをすっと食べてしまいます。その次の日は二〇枚で二分、さらに次の日は三〇枚で一両と釣り上げていきますが、男はすべて食べてしまいます。

見物していた男が「あれは通称・そば清《せい》さんと言って、そばを五〇枚食べる人ですよ」と教えます。そこで町内の連中は、そば清に六〇枚・三両の賭けを申し込むことにしました。それを聞いたそば清は、おじけづいて逃げてしまいます。

＊

さて、そば清は仕事で信州に行き、うわばみ（大蛇）が人をのみ込むのを目にします。腹がはちきれそうになったうわばみが、その場に生える赤い草をなめると、その腹はみるみるしぼんで行きます。そば清はその草を消化薬だと思って摘み取り、例のそば屋に戻って七〇枚で五両という大勝負に挑みます。

そば清はどんどん食べていきますが、あと二枚残したところで限界。風に当たると言って縁側に出て、障子を閉めて赤い草をなめます。そば清が戻ってこないので、ほかの連中が障子を開けてみると、そこにはそばが羽織を着て座っていました。

オヘビイチゴ（雄蛇苺）
Potentilla kleiniana

分類／バラ科キジムシロ属
原産地／東アジアから東南アジアにかけて（日本には本州から九州にかけて分布）
タイプ／多年草

落語『そば清』です。ブラックな内容ながら、最後の簡潔な描写が効果的なよくできた話です。解説するのも野暮ですが、うわばみが飲んだのは消化を助ける草ではなく、じつは人間だけを溶かす草だった、という落ちです。これと同様の落ちを持つ話に、もとは上方落語で、三代目桂三木助が東京にも移した『蛇含草《じゃがんそう》』があります。こちらは、意地を張って食べ過ぎた餅を消化するため、ご隠居さんからもらった「蛇含草」という草を食べるという筋立てです。蛇含草は山奥の谷あいに生え、うわばみの腹の中の人間を溶かす毒草、と説明されています。

　これらの落語には、似た話、あるいは元になったと考えられる話がたくさんあります。たとえば笑い話を集めた『一休関東噺《いっきゅうかんとうばなし》』（一六七二年）には、餅を食べ過ぎた山伏がヘビの真似をして草を食べたところ、山伏が消えて山伏の格好をした餅が残った、という話が紹介されています。もともとの話は中国から来たようで、北宋時代に編まれた『太平広記』（九七八年）中の『聞奇録』には、大蛇にならって木の葉を煎じて飲んだ役人が、骨だけ残して溶けてしまった話が書かれています。

　人を溶かしてしまう植物は実在しないでしょうが、「蛇含」という漢名（昔の中国における名称）を持った草は存在します。東アジア、東南アジアに自生する多年草で、水田のあぜ道などでよく見掛けるオヘビイチゴがこれに当たります。これと似た植物がいくつかありますが、キジムシロは羽状複葉《うじょうふくよう》（鳥の羽根のような葉）を、ヘビイチゴは三枚に切れ込む掌状複葉《しょうじょうふくよう》（掌のような葉）を付けるのに対し、オヘビイチゴは三〜五枚に切れ込む掌状複葉を付けるので区別することができます。

　オヘビイチゴは地面をはうように広がり、五〜六月に小さな黄色い花を一面に咲かせます。ヘビイチゴの実はやや大きく、赤く色付いてよく目立ちますが、それに対してこのオヘビイチゴの実は小さく、色も地味で目立ちません。

　なお、中国で後漢（九四七—九五〇）のころにまとめられた『神農本草経』には、オヘビイチゴの効能が記されています。それには痙攣、悪寒・発熱、切り傷、腫れ物などに薬効があるというだけで、「人を溶かす」という効能は書かれていません。

　このオヘビイチゴのほかにもうひとつ、ウワバミソウも「蛇含草」のモデルとして挙げられそうです。ウワバミソウは北海道から九州に掛けて分布する多年草で、ミズ、あるいはミズナの名で山菜として親しまれています。小野蘭山（一七二九—一八一〇）の『本草綱目啓蒙《ほんぞうこうもくけいもう》』には、「赤車使者」の漢名でウワバミソウが掲載され、「蛇が過食の時にこの草を食べる」という意味の、落語を思わせる説明が加えられています。落語の蛇含草は、オヘビイチゴやウワバミソウを合成して作り出された空想の植物なのでしょう。

種類と入手法／山野草や薬草を扱う店で、まれに販売されます。「斑入りキジムシロ」などの名で販売される斑入りの園芸品種があり、原種よりもこちらの方が入手しやすいかもしれません。分布地では田のあぜ道などによく生えているので、土地の持ち主から分けてもらってもいいでしょう。ヘビイチゴと似ていますが、掌状複葉の枚数で見分けることができます。

置き場所／一年中、屋外の日当たりのいい場所で栽培します。庭植えと鉢植え、どちらでもよく育ちます。低くはうように育つので、グランドカバーとしても利用できます。つり鉢に植えて、下垂させて育てても面白いでしょう。

水やり／鉢植えの場合、用土が乾いたら、鉢底から流れ出すくらい十分に水を与えます。もちろん、雨に当てても構いません。

剪定／ランナーを伸ばして横に広がる植物です。条件が合うとどんどん増えるので、ランナーを切って株を小さくします。

植え付け・植え替え／鉢植えの用土は市販の「花と野菜の土」や、赤玉土七割に腐葉土を三割混ぜたものなどを用います。水はけ・水もちさえよければ、たいていの用土でよく育ちます。

肥料／春と秋に緩効性化成肥料か発酵固形油粕を少量施します。

病害虫／日当たりと風通しのいい場所で健康な株に育てれば、病害虫はほとんど発生しません。ただしアブラムシが発生することがあるので、薬剤で駆除します。

増やし方／花後にできる種をすぐにまいてもいいのですが、春か秋に株分けを行うのがいちばん簡単です。はさみなどで根株を丁寧に切り分けて植え付けます。ランナーに着く子株が自然に根を下ろして増えていくので、それを掘り上げて移植してもいいでしょう。

カレンダー

	1	2	3	4	5	6	7	8	9	10	11	12
置き場所	屋外の日当たり →	→	→	→	→	→	→	→	→	→	→	→
水やり（鉢栽培）	用土が乾いたら十分に →	→	→	→	→	→	→	→	→	→	→	→
剪定						→	→					
植え付け・植え替え			→	→					→	→		
肥料			→	→					→	→		
病害虫				アブラムシ →	→	→	→	→	→	→		
増やし方			株分け →	→			子株を植え付ける →		株分け →	→		
開花					→	→						

遅咲きの花々『マルタのやさしい刺繍』のコルチカム

映画の邦題が原題とまったく異なる例はたくさんあります。文化的な背景や語感などを考慮しつつより分かりやすいタイトルに変えるのでしょう。しかし原題を知っていた方がより楽しめる映画もあります。スイス映画『マルタのやさしい刺繍』もそのひとつです。

映画『マルタのやさしい刺繍』の原題は Die Herbstzeitlosen というものです。Herbstzeitlose はイヌサフラン（コルチカム・アウツムナレ）のドイツ語名で、Herbstzeitlosen はその複数形です。原題を直訳すると「イヌサフランの花々」。イヌサフランではちょっとタイトルにふさわしくないので、属名を採って「コルチカムの花々」といったところでしょうか。

この映画に確かにイヌサフランは出てくるのですが、オープニングクレジットで踊る小さな花のアニメーションを除くと、それは最後の一場面だけ。主人公のマルタたちがピクニックで訪れた場所に、イヌサフランらしき花が咲いているというだけのことです。花はストーリーに直接関係はないのですが、それにもかかわらず原題にこの花の名前が用いられているのはなぜでしょうか。その理由を考える前に、まずは映画のストーリーを少しだけご紹介しましょう。

――夫を亡くした八〇歳の女性、マルタは生きる気力をなくして無為に日を送っています。心配した友人たち、リージ、フリーダ、ハンニの三人は何とかマルタを元気付けようとしますが、まったく効果はありません。

――ある時、マルタはふとしたきっかけで昔の夢を思い出します。それは自分で作ったランジェリーを販売する店を開くというものでした。ところが彼女が住むトループ村は極端に保守的

コルチカム

Colchicum spp.／*Colchicum* cvs.

分類／イヌサフラン科（ユリ科）イヌサフラン属

原産地／ヨーロッパなど

タイプ／夏植え球根植物

※写真は名称不明の園芸品種

な土地柄。「いやらしい下着」を売ろうとしているということで、フリーダとハンニは離れていってしまいます。しかし、マルタはリージの助けを借りて商品を完成させ、開店にこぎつけます。

――夢を実現させたマルタに感銘を受け、フリーダとハンニの二人は変わり始めます。頑固で絶対に新しいことに挑戦しようとしなかったフリーダは、マルタの商品をネット販売するためにパソコンの講習を受け、ハンニは俗物の息子・フリッツの助けを借りずに生きていくために自動車の運転を習い始めます。

――友人たちの助けを借りることはできましたが、フリッツやマルタの息子である牧師のヴァルターからの妨害を受けて、店の運営は前途多難。マルタの店ははたして村人たちに受け入れられるのでしょうか…

さて映画をご紹介したところで、今度はイヌサフランの性質に目を向けてみましょう。イヌサフランは六〇種ほどあるコルチカム属の一種で、ヨーロッパから北アフリカにかけて分布する植物です。イヌサフランの特徴は、何といっても秋に葉のない状態で花を咲かせること。花色は普通、やや紫を帯びた淡いピンクです。花後、冬を越して春になってから葉を出し始め、気温が上がると休眠に入ります。

言い換えると、春に葉を茂らせてその後は枯れたような状態になり、秋になってから花を咲かせる植物というわけです。一度枯れてから咲く、超遅咲きの花と表現できるでしょうか。「コルチカムの花々」という映画の原題は、きっとマルタと友人たちを時に束縛されない遅咲きの花にたとえたものでしょう。

ドイツの詩人ヘルマン・フォン・ギルムが作った『Die Zeitlose』(Zeitlose もイヌサフランの意味、またはコルチカムの仲間の総称)という詩がありますが、その中に「最後の花、最後の愛」という一節があります。ドイツなどでは、イヌサフランは秋の最後に咲く花とされてきたのでしょう。

余談ですが、『マルタのやさしい刺繍』のラストシーンでは、花と同時に葉を付けた状態の造花が用いられていて、植物好きとしてはその点だけが少しだけ気になってしまいました。もっともイヌサフランではなく、春咲きのコルチカムの中には開花と同時に葉を出すものもあります。

イヌサフランの球根は、テーブルの上などに転がしておくだけでも花を咲かせることができます。開花までは水を与える必要もないので、水栽培よりもはるかに簡単。気軽に花を楽しんでみてはいかがでしょうか。

なお、よく知られているように、イヌサフランはコルヒチンというアルカロイドを含む毒草です。普通に栽培する分にはまったく問題はありませんが、球根や葉を野菜や山菜と間違えて食べて中毒を起こす例もあるようなのでご注意ください。

種類と入手法／イヌサフランの原種よりも、大型の'ザ・ジャイアント'、八重咲きの'ウォーターリリー'、イヌサフランの白花品種'アルブム'などの園芸品種・交配種がよく出回るようです。花にチェッカーフラッグのような模様の入るコルチカム・アグリッピヌム、藤色で花弁の先端が白くなる'ハーレキン'など面白いものもありますが、現在のところ日本ではあまり流通しません。以上はすべて秋咲きのコルチカム。春咲き種はあまり販売されないので、ここでは秋咲きのコルチカムの育て方をご紹介します。

置き場所／屋外で栽培します。庭植えでも鉢植えでもよく育ちます。庭植えで毎年球根を掘り上げない場合は、できるだけ水はけのいい場所に植えるようにします。

水やり／鉢栽培の場合、秋から葉が枯れるまでは、用土が乾いたら鉢底から流れ出すくらい十分に水を与えます。生育期間中は雨に当てても構いません。

剪定／行いません。花後に伸びる葉は、初夏に枯れるまで大切に育てましょう。

植え付け・植え替え／夏の終わりに球根が販売されるので、八月の終わりから九月に植え付けます（土に植えないで開花させた場合は、開花後すぐに植え付けます）。角のような突起がある方が下。庭植えの場合は五センチほど、鉢植えの場合は球根が隠れるくらいの厚さに土を掛けます。鉢栽培には市販の「球根の土」や、小粒の赤玉土七割に腐葉土を三割くらい混ぜたものなどを使います。

肥料／葉が出始めるころから緩効性化成肥料などを施します。

病害虫／六月ごろに白絹病が発生することがあります。清潔な水はけのいい用土を用いて予防に努め、万一発生した場合は広がらないように、株と用土を処分します。

増やし方／掘り上げの時に球根を分けます。

カレンダー

	1	2	3	4	5	6	7	8	9	10	11	12
置き場所	屋外の日当たり（1～12月）											
水やり（鉢栽培）	用土が乾いたら十分に（1～6月）							用土が乾いたら十分に（8～12月）				
剪定						行わない						
植え付け・植え替え						掘り上げ		植え付け				
肥料		2～4月										
病害虫						白絹病						
増やし方						球根を分ける						
開花									9～10月			

最も有名な幸運のシンボル四つ葉のクローバー

魔を退けて真実を見抜く力を与え幸せを招く四つ葉のクローバー。

子どものころ、野原や空き地でたくさんのクローバーの中から探した思い出はないでしょうか。

この有名な幸運のシンボルはなぜ不思議な力をもたらすと考えられたのでしょうか。


アメリカの作家、エラ・ヒギンソン（一八六一―一九四〇）は『四つ葉のクローバー』という詩に次のように書いています。

――ひとつの葉は希望、ひとつの葉は信仰、そしてひとつの葉は愛を表していることはあなたも知っている通りです。しかし、神はもうひとつの葉を幸運のために作りました。

四枚の葉に関しては別の考えもあり、それぞれ、名声・富・誠実な恋人・健康を表すという人もいます。いずれにしろ、四つ葉のクローバー（シロツメクサ）が幸運のお守りであることに変わりはありません。さらに魔力から身を守り、真実を見る力を与えるとも言われます。

グリム童話に次のような話があります。

――あるところに魔法使いがいて、人々の前でニワトリに重い梁《はり》を運ばせました。みんなは驚きましたが、ひとりの娘だけはまやかしを見抜き、「ニワトリが運んでいるのはただの麦わらよ」と叫びました。彼女は四つ葉のクローバーを持っていたのです。その声を聞いた途端、見物人たちの目にありのままの事実が見えるようになり、人々は魔法使いを追い払いました。

――月日が経って、娘が結婚式を挙げることになりました。教会へ行く途中、花嫁の一行は水かさの増した川に出合いました。花嫁が衣装をたくし上げて川を渡り始めると、魔法使いが現れて「これが川に見えるのか」と叫びました。我に返った花嫁は、

シロツメクサ（白詰草）
Trifolium repens

分類／マメ科シャジクソウ属
原産地／ヨーロッパ（世界中に広く帰化）
タイプ／多年草
※写真は「天使の羽ライム」（見元園芸作出）

自分が衣装をたくし上げて畑の中に立っていることに気付きました。みんなは彼女を笑い物にして追い立てました。

この話から「真実を知ることは必ずしも幸福につながらない」という苦い教訓を読み取ることもできます。しかし、ここでは四つ葉のクローバーの不思議な力だけに注目し、その言い伝えはどのように生まれたのかを探ってみましょう。

たとえばアイルランドでは、四つ葉ではなく、シャムロック（shamrock）が聖なるシンボルとして用いられます。シャムロックとは三つに分かれた葉を持つ植物の総称です。これがアイルランドで神聖視されるようになったのは、五世紀にこの地で伝道を行った聖パトリックの伝説にちなみます。

聖パトリックは奴隷としてアイルランドに連れて来られましたが、逃亡してキリスト教を学びました。そしてアイルランドに戻り、ドルイド教一色だったこの地で布教を開始しました。「三位一体《さんみいったい》」という教義を説明する時、彼はシャムロックの葉を掲げたと伝えられます。その葉が三枚でひとつであるように、父なる神・子なる神・聖霊なる神の三つはひとつであると説明したのです。彼が用いたのはシロツメクサとも、カタバミ科のコミヤマカタバミとも言われますが、以来シャムロックは聖パトリックの、ひいてはアイルランドの象徴となりました。

ただし、シャムロックへの信仰はキリスト教以前にさかのぼるとも言われています。もともと聖なる存在であったこの植物を、キリスト教が取り込んでしまったのかもしれません。神聖な植物であるクローバー、その中でも珍しい四つ葉のクローバーが特別な力を持つと考えられたのも自然なことなのでしょう。

＊

シロツメクサはヨーロッパ原産の多年草で、世界中に野生化しています。日本へははじめガラス製品の詰め物として江戸時代に渡来し（白詰草の名はこれに由来します）、そこに混ざっていた種から増やされたようです。その後も牧草として何度も導入されたのでしょう、現在では田のあぜ道や空き地などのいたるところで見ることができます。

花色はふつう白。よく見ると、たくさんの小さな花が集まって球形の花（花序）を形作っているのが分かります。花には甘い香りがあり、蜜蜂がよく集まってきます。

葉（小葉）の数は三枚が基本で、四枚のものがあるのは先に書いた通りですが、時に五枚以上のものもあります。ギネス世界記録に認定された最多のものは何と五六葉で、これはシロツメクサの研究者、故・小原繁男氏が発見したものです。なお、五枚葉のクローバーは富を（逆に病気をもたらすとされることもあります）、六枚葉のものは名声をもたらし、七枚葉のものはあらゆる悪霊から守ってくれるとも言われます。

種類と入手法／すべての葉が四つ葉になるシロツメクサはありませんが、四つ葉が出現しやすい園芸品種がいくつかあります（五つ以上の葉が出現しやすい品種もあります）。園芸店や通信販売で入手できるでしょう。ノベルティグッズとして、四つ葉が出現しやすい品種の種が配布されることもあります。

置き場所／一年中、屋外の日当たりのいい場所で栽培します。庭植えと鉢植え、どちらでもよく育ちます。

水やり／鉢植えの場合、用土が乾いたら、鉢底から流れ出すくらい十分に水を与えます。もちろん、雨に当てても構いません。高温にやや弱い面もありますが、夏でも極端に水切れさせなければ枯れることはないでしょう。小さい鉢でよく茂ると、特に水切れしやすくなります。

剪定／環境によっては増えすぎることもあるので、適宜刈り取ります。特に芝生の中に入り込むと、除草が難しいこともあるので要注意。

植え付け・植え替え／鉢植えの用土は市販の「花と野菜の土」や、赤玉土七割に腐葉土を三割混ぜたものなどを使います。水はけ・水もちさえよければ、たいていの用土でよく育ちます。

肥料／春と秋に緩効性化成肥料か発酵固形油粕を少量施します。

病害虫／病害虫は少なく、丈夫な植物です。ただしアブラムシが発生することがあるので、薬剤で駆除します。日当たりと風通しをよくして、病害虫に強い株に育てましょう。

増やし方／春か秋に株分けを行うのがいちばん簡単です。手で割るように、あるいははさみを使って根株を分割して植え付けます。挿し木も可能で、地表をはう茎を五センチほどの長さに切り、葉を一、二枚だけ残して用土に直接挿せばすぐに発根します。なおシロツメクサには品種登録された園芸品種が多く、それらを営利目的で増やすことは禁じられているのでご注意ください。

カレンダー

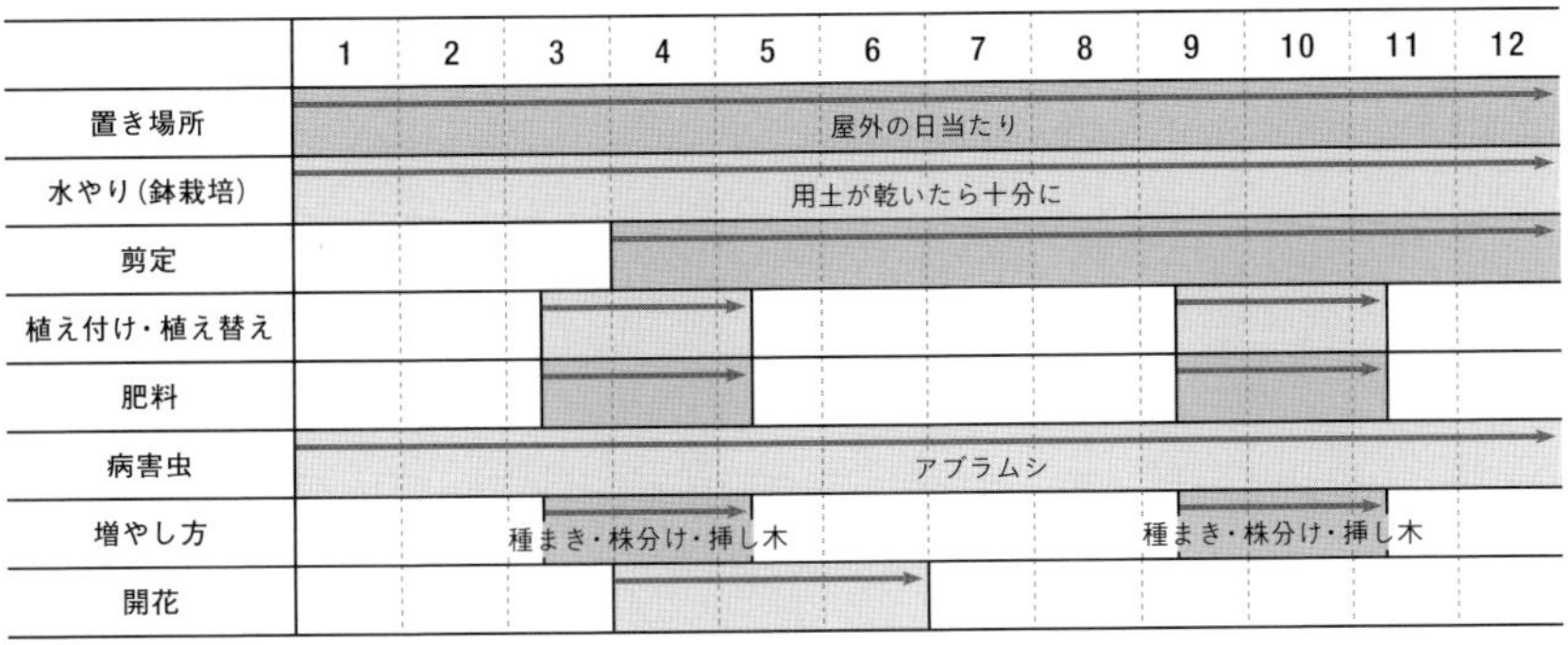

雪の化身のような希望の象徴スノードロップ

すべての植物が眠る晩冬に
いち早く目覚めて
うつむくように花を咲かせる
スノードロップ。
長い冬に終わりがあること
絶望が永遠には続かないことを告げ
やがて訪れる春の
かすかな兆しを示す希望の象徴です。

ある年の大みそか。年若くわがままな女王が、新年にマツユキソウを見たいと言い出します。ほうびの金貨に目のくらんだ継母に追い立てられ、主人公の少女は雪深い森にその花を探しに行きます。しかしマツユキソウの季節には遠く、どこを探しても見付かるわけがありません。

森をさまよい、凍えそうになったその時、少女はたき火の光を見付けます。そこで火を囲んでいたのは一二人の男たち——一年の一二の月たちでした。少女の話を聞いた「四月」の少年は、「一月」の老人に少し時間を譲ってくれるように頼みます。「四月」が高らかに詩を朗読し、長い杖で地面を叩いた瞬間、深く積もった雪は溶け、あらわになった地面はみるみる緑に覆われていきます。そして切り株の根元、草原などいたるところに、マツユキソウの花が数え切れないほど咲き始めるのでした。

＊

ロシア（当時はソビエト連邦）の詩人・劇作家のサムイル・マルシャーク（一八八七—一九六四）による童話劇『森は生きている』の前半部です。少女と女王、継母がその後どうなるのかは、ぜひ原作や映画、舞台などでご覧になってください。一九五六年には、イワン・イワノフ=ワノ監督により、同名のアニメーション映画が制作されています。これは原作に忠実に作られたもので、美しい絵が印象的な作品です。日本でも何度

スノードロップ（snowdrop）

Galanthus nivalis／*Galanthus elwesii*　など

分類／ヒガンバナ科マツユキソウ属
原産地／西アジア、ヨーロッパなど
タイプ／秋植え球根植物

※本来のスノードロップは*Galanthus nivalis*ですが、ここでは日本で一般的な*Galanthus elwesii*を含めてご紹介します。
写真は*Galahthus elwasii*

か映画化され、またミュージカルも上演されています。『森は生きている』で春の象徴のように描かれたマツユキソウ、最近では英語のスノードロップという名の方が通りがいいかもしれません。このスノードロップの仲間、ガランツス属には一五ほどの原種があります。

英語でコモンスノードロップと呼ばれているのは、そのうちのヨーロッパ東部原産のガランツス・ニヴァリスという植物。スノードロップの仲間の花は、外側に大きな花弁が三枚あり、その内側に筒状にまとまる三枚の花弁があります。この内側の花弁には緑色の模様がありますが、ガランツス・ニヴァリスでは、この模様が花弁の先端にひとつずつしかないのが特徴です。日本ではこの原種はほとんど栽培されませんが、〝フロレプレノ〟という八重咲きの園芸品種はよく販売されています。

日本で「スノードロップ」として流通しているのは、ほとんどがガランツス・エルウィジー。こちらの花は、内側の花弁にふたつ、あるいは根元から先端までつながった長い模様がひとつあります。この模様は変化が大きく、写真のようにふたつのハートが出現することもあります。トルコなどに自生する植物で、ジャイアントスノードロップと呼ばれています。

ガランツス・エルウィジーは、日本では一月から三月ごろに花を咲かせます。昼間など暖かい時には花は大きく開き、気温が低い夜間などは閉じてしまいます。その花には、蜂蜜にたとえられる弱い香りがあります。

花が終わった後、四月くらいまでは葉を付けていますが、その後次第に枯れ、球根だけの状態で地中で夏を越します。早春に花を咲かせ、落葉樹の葉が茂る前に芽を出して日光をひとり占めし、後は休眠して過ごすという効率のいい生き方と言えるでしょう。

スノードロップの花言葉は「希望、慰め」で、これは次の話に由来するものでしょうか。――アダムとイブがエデンの園から追放された時、雪が降りしきっていました。永遠に続くかと思われる冬に絶望して泣きじゃくるイブを慰めるため、天使がひとひらの雪に息を吹きかけました。それは地に落ちるとかすかな春の兆し、スノードロップとなったのです。

属名の *Galanthus*（ガランツス）は、ギリシア語の gala（乳）と anthos（花）の合成語で、白い花を表現しています。余談ですが、銀河系・天の川を表す英語のギャラクシー（Galaxy）という言葉は、この gala と関係があります。古代ギリシアでは、女神・ヘラの乳房からほとばしった乳から生まれたとして、天の川のことをガラクシアス（乳の川）と呼び、これが Galaxy の語源となりました。また、天の川を表すもうひとつの英語、ミルキーウエイ（Milky Way）もこの伝説に由来します。

種類と入手法／よく販売されるのはガランツス・エルウィジーの原種と思われるものですが、変種なども混ざるのか、開花時期や花の模様は変異に富みます。ガランツス・ニヴァリスの八重咲きの園芸品種‘フロレプレノ’も出回ります。秋に球根、冬にポット苗が販売されます。ガランツス・ニヴァリスは乾燥に弱いので、ポット苗で入手した方が安心。

置き場所／一年中、屋外で栽培します。庭植え・鉢植えのどちらでも問題ありません。葉のある時期には日当たりがよく、初夏に葉が枯れた後は日陰になる、やや涼しい場所を選びます。庭植えの場合は、落葉樹の根元などが最適地です。

水やり／鉢植えの場合、用土が乾いたら、鉢底から流れ出すくらい十分に水を与えます。もちろん、雨に当てても構いません。葉のない時期にはやや乾燥ぎみに管理しますが、完全には乾かさないように注意。

剪定／行いません。生育期間が短い植物なので、初夏に枯れるまでは葉を大切にしましょう。

植え付け・植え替え／秋に球根を購入したらすぐに植え付けます。冬にポット苗を入手した場合はそのまま育て、休眠する時期に植え替えます。植え替えは鉢植えの場合は数年ごとに、庭植えの場合は密集しすぎた時に。乾燥にはあまり強くないので、ほかの球根植物のように掘り上げて乾かさないで、すぐに植え付けましょう。球根ひとつ分程度の厚さに土を掛けます。鉢植えには市販の「球根の土」や、赤玉土七割に腐葉土を三割混ぜたものなどを使います。

肥料／秋と春に緩効性化成肥料などを与えます。

病害虫／水はけのいい用土に植え、日当たり・風通しのいい場所で栽培すればあまり発生しません。

増やし方／植え替えの時に、球根を分けて植え付けます（種まきも可能ですが、一般的ではありません）。

カレンダー

	1	2	3	4	5	6	7	8	9	10	11	12
置き場所	屋外の日当たり（1〜4月）				屋外の日陰〜明るい日陰（5〜8月）				屋外の日当たり（9〜12月）			
水やり（鉢栽培）	用土が乾いたら十分に（1〜4月）				やや控えめに（5〜8月）				用土が乾いたら十分に（9〜12月）			
剪定	行わない											
植え付け・植え替え									9〜10月			
肥料			3〜4月						9〜10月			
病害虫	アブラムシ（1〜4月）								アブラムシ（9〜12月）			
増やし方									球根を分ける（9〜10月）			
開花	1〜3月											

オークの生命・金枝 セイヨウヤドリギ

金枝とは、聖なるオークに宿る
セイヨウヤドリギのこと。
イギリスの社会民俗学者フレーザーは
ネミの祭司殺しにまつわる
セイヨウヤドリギの謎から出発し
世界中から事例を集めて
その謎の解明という形で、全一三巻から成る
長い長い『金枝篇』を書き上げました。

――ローマ近郊、ネミ湖のほとりに聖なる森があり、そこに女神に仕える祭司がいて「森の王」と呼ばれていました。その森には一本の樹があり、逃亡奴隷だけが枝を折ることを許されていました。枝を折り取った者は祭司と戦う資格を得ます。祭司を殺すことができれば、その者が新しい祭司となるのでした。

イギリスの社会人類学者 サー・ジェームズ・ジョージ・フレーザー（一八五四―一九四一）による『金枝篇』という本の冒頭の内容です。祭司はなぜ殺されるのか、彼を殺す者はなぜ枝を折り取る必要があるのか。フレーザーは世界中の神話や古代の習慣の例を集大成し、この謎の解明という形で一三巻から成る『金枝篇』を書き上げました。長さゆえに敬遠されがちな本ですが、殺人があり、奇妙な謎が示され、驚くべき結末へいたるという推理小説のような構成で私たちを魅了します。簡単に要約はできませんが、ちょっと拾い読みをしてみましょう。

ネミの祭司は、古代ローマの最高神・ジュピターの化身だとフレーザーは考えます。祭司の健康状態は自然・社会の状態を左右すると信じられたため、彼はいちばん元気な時に殺される必要があったのです。ジュピターはオーク（一三二ページ参照）の神。そして祭司を殺す者が折り取る枝とは、オークに宿る金枝・ヤドリギのことだとフレーザーは考えます。

彼は北欧神話の次の話に注目します。善と美の神・バルデル

セイヨウヤドリギ／ヤドリギ
（西洋宿木／宿木）
Viscum album　（セイヨウヤドリギ）
Viscum album subsp. *coloratum*　（ヤドリギ）

分類／ビャクダン科（ヤドリギ科）ヤドリギ属
原産地／セイヨウヤドリギはヨーロッパ、アメリカなど
ヤドリギは東アジア（日本には北海道～九州）
タイプ／寄生植物
※写真はヤドリギ

は自分の死を予感します。彼の母・フリッグは、すべての者に「バルデルを傷付けない」という誓いを立てさせます。しかし、トラブルメーカーのロキはヤドリギだけが誓いを立てていないことを知り、それを引き抜いてホドルという神に投げさせます。ヤドリギはバルデルを刺し貫いて生命を奪います。

バルデルはオークの化身ではないかとフレーザーは考えます。そして、樹上にあって冬も緑を保つヤドリギは、オークとバルデルの真の生命、心臓のようなものと考えられたと推測します。生命が樹上にある限り、オークとバルデルは不死身です。しかし、それが折り取られるとオークは倒れ、バルデルは死ななくてはなりません。映画『パイレーツ・オブ・カリビアン』シリーズをご覧になった方は、自身の心臓を別の場所に隠したデイヴィ・ジョーンズ船長を思い出してください。彼もまた、心臓が傷付けられない限りは不死身でした。

ネミの祭司も同じです。オークの樹上のヤドリギこそが彼の真の生命。彼を殺すためには、それを折り取る必要があったのです。ここにおいて、すべての謎は解明されました……

＊

『金枝篇』のヤドリギとは、ヨーロッパからアフリカにかけて分布するセイヨウヤドリギのこと。ボダイジュの仲間、リンゴ、ポプラなどの落葉樹に寄生し、そこから水と養分を横取りして育つ植物です。寄生しなくては生きられませんが、自身も光合成を行うために半寄生植物と呼ばれます。寄生した木が秋に落葉すると途端に姿を現しますが、その様子は確かに、木の生命がセイヨウヤドリギに凝集して形を成したようにも見えます。その花は地味ですが、冬に熟す白い果実はよく目立ちます。

日本に自生するヤドリギはセイヨウヤドリギの亜種で、果実が白ではなく淡い黄色である点が大きな違いです（オレンジ色のアカミヤドリギもあります）。日本のヤドリギは、ミズナラやエノキ、サクラなどのやはり落葉樹に寄生します。

いずれも果実を鳥に食べられ、ほかの木の上で種を排泄されることによって分布を広げます。種子のまわりには粘り気のある物質があって、ほかの木に張り付くことができます。なお、*Viscum*（ウィスクム）という属名は「とりもち」という意味のラテン語に由来します。

薬用や魔術に使うため、古代ヨーロッパではセイヨウヤドリギが採取されましたが、その時期は夏至か冬至と定められていたそうです。太陽が最も力を持つ夏至、太陽の力がいちばん弱くなって再生に向かう冬至に摘み取られることに意味があるのでしょう。現代のヨーロッパでは冬至のころ、つまりクリスマスに飾りとして用いられます。その下にいる女性にはキスをしてもいいという、英米の習慣はよく知られています。

種類と入手法／クリスマスシーズンに、ごくまれに花屋さんで果実付きの切り枝が販売されることがあります（セイヨウヤドリギは出回らず、ヤドリギやアカミヤドリギが流通します）。切り枝を植えても育てることはできないので、その果実から種を採り、ほかの木に寄生させて育てます（寄生させる木を以下、宿主と呼びます）。

種まき／ミズナラ、エノキ、ケヤキ、クリ、カシワ、サクラ、ウメなどを宿主に選び、種を宿主の枝の上で発芽させます。果実をつぶすと、種のまわりに粘り気のある物質と水っぽい果肉があります。果肉だけを取り除き、粘り気のある物質で、宿主の枝に種を貼り付けます。若い枝に貼り付けるといいでしょう。乾けばぴったり付いて落ちなくなります。後は何もしなくても、二か月くらいで発芽し、宿主に根を下ろして育って行きます。種は乾燥に強く、発芽前も発芽後も特に水を掛ける必要はありません。発芽率はいいのですが、発芽した後に大部分が枯れてしまうこともあります。かなり多めに種を付け、後で適当な数に減らすといいでしょう。寄生させる数が多すぎると宿主が弱ることもあるので、上手に調節しましょう。

置き場所／宿主が健全に育つ環境に置きます。宿主はいずれも、屋外の日当たりのいい場所で栽培します。

水やり／ヤドリギにではなく、宿主のみに水やりを行います。ほとんどの宿主は、鉢植えの場合、用土が乾いたら、鉢底から流れ出すくらい十分に水を与えればいいでしょう。もちろん、雨に当ててもかまいません。

剪定／生長が遅いため通常は不要ですが、育ちすぎて宿主とのバランスが悪くなった場合は適宜行います。

植え付け・植え替え／発芽した場所で一生を送る植物なので行いません。

肥料／宿主に肥料を施します。

病害虫／特にありません。

カレンダー

*1 宿主への水やりは行う。
*2 宿主の剪定は適宜行う。
*3 宿主の植え替えは行う。
*4 宿主への施肥は行う。

	1	2	3	4	5	6	7	8	9	10	11	12
置き場所	屋外の日当たり（1〜12月）											
水やり	行わない *1											
剪定	行わない *2											
植え付け・植え替え	行わない *3											
肥料	行わない *4											
病害虫	特になし											
増やし方	種まき	種まき										種まき
開花・結実			開花	開花								結実・種を採る

髪長姫の不思議な野菜ラプンツェル

グリム童話の『ラプンツェル』は野菜のラプンツェルと引き換えに魔女の養女となった娘の物語です。娘の両親が恐ろしい魔女の庭から盗んで手に入れようとした野菜とはいったいどんなものなのでしょうか。ドイツでラプンツェルと呼ばれる二つの野菜をご紹介します。

あるところに夫婦がいました。妊娠した妻は隣家の魔女の庭のラプンツェルを食べたくてたまらなくなり、日に日にやつれていきました。夫は隣家の庭に忍び込みますが、魔女に見付かってしまいました。「ラプンツェルはあげるけど、生まれる子どもは私がもらうよ」と魔女は告げました。

妻は女の子を産みますが、魔女が連れ去ってしまいました。ラプンツェルと名付けられた子どもが一二歳になった時、魔女は森の中の高い塔に彼女を閉じ込めてしまいました。

塔には入り口がなく、高いところに窓があるだけ。魔女は外出から帰ると「ラプンツェル、ラプンツェル、お前の髪を下ろしておくれ」と叫びます。するとラプンツェルは長い金色の髪を垂らし、魔女はそれにつかまって上っていくのでした。

数年後、この国の王子がやって来てラプンツェルの歌声を耳にしました。王子は魔女をまねて、塔の下で「ラプンツェル、ラプンツェル、お前の髪を下ろしておくれ」と叫びました。

上がってきた見知らぬ男に驚いたラプンツェルですが、すぐに親しくなった二人は毎日会うようになりました。ところがある日、魔女に王子の存在を知られてしまいます。魔女は怒ってラプンツェルの髪を切り、荒野へ追い出してしまいました。

何も知らない王子が塔の下にやってきたので、魔女はラプンツェルの髪を垂らしました。王子は上っていきますが、塔の上

ノヂシャ（野萵苣）
Valerianella locusta
分類／スイカズラ科（オミナエシ科）ノヂシャ属
原産地／ヨーロッパ（世界各地に帰化）
タイプ／秋まき、または春まき一年草

で待っていたのが魔女だと知って飛び降りました。王子はいばらのとげに目を突かれ、失明してしまいました。

王子は何年もさまよい歩き、やがてラプンツェルの暮らす地にやって来ました。ラプンツェルは王子の子である双子とともに暮らしていたのです。ラプンツェルが王子を抱いて泣き出すと、その涙が王子の目を濡らしました。王子の目は元通りに見えるようになり、四人は王子の国で幸せに暮らしました。

＊

『グリム童話集』に収められた『ラプンツェル（髪長姫）』という話です。これを元にしたディズニー映画『塔の上のラプンツェル』があり、ラプンツェルという不思議な響きの名前に興味を持った方も多いのではないでしょうか。

グリム童話に描かれている通り、ラプンツェルは本来、野菜の名前です。ただし、ドイツでラプンツェル（Rapunzel）と呼ばれる野菜は数種あり、グリム童話の野菜がどれに該当するのかはっきりしないようです。

ひとつめのラプンツェルはスイカズラ科（オミナエシ科）のノヂシャです。原産地はヨーロッパですが、各地に広く帰化していて、日本でも道端で目にすることがある高さ三〇センチほどの越年草、または一年草です。開花期は四～六月で、小さな淡い青色の花を茎の先端に多数付けます。

ノヂシャは英語でコーンサラダ、フランス語でマーシュと呼ばれます。コーンサラダという名前は麦畑の雑草であったことを表すのでしょう（corn はムギの意味）。食用の歴史は浅いのですが、かつては冬に利用できる貴重な野菜だったようです。野菜が少ない時期だからこそ、ラプンツェルの母親もラプンツェルを食べたくなったのでしょうか。若い苗を主にサラダに用いますが、特有の香りがあって癖の少ないおいしい野菜です。

もうひとつのラプンツェルはカンパヌラ・ラプンクルスというキキョウ科の植物です。こちらはヨーロッパ、北アフリカなどに分布する二年草で、五～八月に細くて長い花穂を伸ばします。花はベル形で淡い青色から白色。花が美しいので、野菜としてだけではなく観賞用にも栽培されます。ダイコンのような形状の根を生で、あるいはゆでてサラダに利用します（葉も食用になります）。根を生で食べるとぽりぽりとした歯ごたえがあり、ナッツのような風味と甘みが感じられる珍しい野菜です。

カンパヌラ・ラプンクルス

種類と入手法／ここでは入手しやすいノヂシャの育て方をご紹介します。ハーブ・野菜として扱われ、マーシュやコーンサラダの名前で夏から秋に園芸店で種が販売されます。通信販売なら、さらに確実に入手できるでしょう。葉の幅が広いもの、葉脈が目立つものなど、いくつかの栽培品種があります。

置き場所／屋外の日当たりのいい場所で栽培します。鉢・プランターでも作りやすいハーブ・野菜です。

種まき／秋、または春に種をまきます。一般的な地域では秋と春の二回まけば、長期にわたって収穫できます。寒冷地では秋にまき、霜除け用のカバーなどで簡単な防寒を行うか、春まきにしましょう。鉢・プランター植えの用土は「花と野菜の土」や、赤玉土七割に腐葉土を三割くらい混ぜたものなどを用います。種は用土に直接まき、種が隠れるくらいに薄く土を掛けておきます。発芽後に根が露出するようなら、根元に土を掛けておきます。やや密にまき、発芽後に順次間引いた方がよく育ちます。

水やり／鉢・プランター植えの場合、用土が乾いたら、鉢底から流れ出すくらい十分に与えます。もちろん、雨に当てても構いません。

肥料／元肥として緩効性化成肥料などを施します。追肥として液体肥料などを与えます。

病害虫／日当たりと風通しのいい環境で健康な株に育てれば、ほとんど発生しません。アブラムシが発生した場合は、強めのシャワーなどで洗い流すといいでしょう。

収穫／発芽後、混み合ってきたら収穫を兼ねて間引きを行います。後は生長したものから順に、新芽を五センチほどの長さで摘むか、株ごと引き抜いて収穫します。種まき後、二か月目くらいから収穫可能です。冬の寒さにあった株は花茎を伸ばしやすいので、その前に収穫します。一度作ると、こぼれ種から毎年生えてくるようになります。

カレンダー

*1 開花結実後、順次種を採る。

	1	2	3	4	5	6	7	8	9	10	11	12
置き場所	屋外の日当たり →	→	→	→	→	→		→	屋外の日当たり →	→	→	→
水やり（鉢栽培）	用土が乾いたら十分に →	→	→	→	→	→		→	用土が乾いたら十分に →	→	→	→
肥料	秋まき →	→	春まき →	→	→	→		→	秋まき →	→	→	→
病害虫	まれにアブラムシ →	→	→	→	→	→		→	まれにアブラムシ →	→	→	→
種まき			春まき →	→				→	秋まき →			
収穫	秋まき →	→	→		春まき →	→					秋まき →	→
開花				秋まき *1 →	→	春まき *1 →						

孫悟空が食べた不老長寿のモモ？バントウ

バントウはつぶれたような形のモモです。形は変わっていてもその味は絶品。この奇妙でおいしいバントウは孫悟空が天界の桃園から盗んだ不老長寿の仙果・伝説の蟠桃のモデルとなった果物でしょうか。それともバントウと伝説上の蟠桃はまったく異なるものなのでしょうか。

昔々、東勝神洲《とうしょうしんしゅう》・花果山《かかざん》のてっぺんにある石から、一匹のサルが生まれました。彼は花果山に住むサルたちの王となりますが、ある時、ふと虚しくなって不老長生の術を学ぶために旅に出ました。やがて須菩提祖師《しゅぼだいそし》に出会い、付けてもらったのが「孫」という姓と「悟空」という法名。

不老長生の法を授かり、変化の術と空を飛ぶ觔斗雲《きんとうん》の術を学んだ孫悟空は花果山に帰りました。仲間の猿をおびやかす混世魔王を倒した後、悟空は仲間を訓練して軍隊を編成し、自分は龍王を脅して譲り受けた如意金箍棒《にょいきんこぼう》と武具で武装しました。

ある日、悟空は令状を持った者に引っ立てられて、冥界に連れていかれる夢を見ます。彼はそこで大暴れをして、生死を決める名簿に載った自分と仲間の名前を消してしまいました。

さて天界の玉帝（道教における最高神）のもとに、龍王と冥界から「孫悟空を討ち取ってほしい」という訴えが届きました。玉帝は成敗する代わりに、官職を与えて懐柔しようと図ります。悟空は職に就いて懸命に働きますが、やがて自分に与えられた官位が低いことを知り、怒って天界を飛び出してしまいました。

花果山に戻った悟空は、勝手に「斉天大聖《せいてんたいせい》」という称号を名乗りました。玉帝は悟空を討とうとしますが、送り込んだ神々はすべて敗北。そこで、斉天大聖という役職（じつは閑職）を作って彼をその地位に招きました。暇を持て余すと何をしでか

バントウ（蟠桃）
Amygdalus persica var. compressa
分類／バラ科モモ属
原産地／中国
タイプ／落葉樹

すか分からない悟空に、玉帝は蟠桃園の管理を任せました。

　蟠桃園には三種の蟠桃があり、そのうちの三〇〇〇年に一度だけ実る蟠桃を食べると仙人に、六〇〇〇年に一度だけ実る蟠桃を食べると不老長生の体になり、九〇〇〇年に一度だけ実る蟠桃を食べると天地と同じ長さの寿命を得ることができます。悟空はその蟠桃を盗み、思う存分食べてしまいました。

　ある時、悟空は西王母《せいおうぼ》（女神）が主催する宴会場に忍び込みました。そしてごちそうと酒を盗み、金丹《きんたん》（長寿薬）をすべて食べてしまうなど勝手放題の末、再び花果山に逃げ帰ってしまったのです。怒った玉帝は天の軍隊を総動員。顕聖二郎真君《けんせいじろうしんくん》との壮絶な術合戦の末、太上老君（老子）の投げた金鋼琢《こんこうたく》という輪に頭を打たれて、さすがの悟空も捕まってしまいました。

＊

　この先どうなるのかは『西遊記』を読んでいただくとして、ここでは「蟠桃」に注目してみましょう。現在、蟠桃と呼ばれているのは、七三ページの写真のモモです。伝説や物語に登場する蟠桃と区別し、写真のモモをここではバントウと表記します。

　バントウは普通のモモの変種で、モモと同様、中国を原産地とする植物です。モモの樹高は八メートルほどになりますが、バントウの木はそれよりもやや小さめ。バントウの花は普通のモモとあまり違いませんが、果実はとびきり変わっていて、平たく押しつぶしたような形をしています。バントウにはいくつかの品種があり、白・紅・黄色と品種によって果肉の色が異なります。形は変わっていても、おいしい品種が多いようです。

　蟠桃の蟠という字には「とぐろを巻く」という意味があります。おそらくバントウの実が円盤状で、とぐろを巻いているように見えることに由来するのでしょう。多くの植物図鑑では、孫悟空が食べた蟠桃のモデルはこのバントウであるとされていますが、さて、これは本当のことでしょうか。

　一世紀の中国の思想家・王充の『論衡《ろんこう》』によれば、古いバージョンの『山海経《せんがいきょう》』には「滄海《そうかい》の中に度朔山《どさくさん》があり、上に大きなモモの木があって、その屈蟠すること三千里」という記述があったということです（現存する版にはありません）。伝説上の蟠桃はこの度朔山のモモの木と深い関係がありそうです。もしそうであるなら、本来の蟠桃はとぐろを巻くような実を付けるバントウとは関係がなく、とぐろを巻くような樹形のモモの木ということになりそうです。

　ところで蟠桃と言えば、山片蟠桃（一七四八―一八二一）という江戸後期の町人学者がいます。徹底した無神論者だったので、「蟠桃」は神々に果敢に挑戦した孫悟空にちなむ号かと思いきや、実際は仙台藩蔵元（藩の米などの売買を代行した商人）升屋の「番頭」を務めたことに掛けたしゃれだったようです。

種類と入手法／バントウには複数の品種があり、そのうちのいくつかの苗が販売されています。園芸店などで入手可能ですが、出回り量はあまり多くありません。通信販売を利用するのが一般的でしょう。一株で結実する品種が多いようですが、花粉が多い別の品種のモモが近くにあればより確実に収穫できます。

置き場所／日当たりのいい場所に庭植えにするか、鉢植えにして同様の場所に置きます。普通のモモよりもやや寒さに弱いので、寒冷地では栽培が難しいかもしれません。

水やり／鉢植えの場合、用土が乾いたら、鉢底から流れ出すくらい十分に水を与えます。もちろん、雨に当てても構いません。

剪定／枝が伸びた翌年の春、その枝に花を咲かせます。夏の剪定では、混み合った枝を間引くように根元から切ります。伸びた枝の根元部分を指でひねって柔らかくし、下方向に押し下げるようにする「捻枝《ねんし》」を行うと花付きがよくなります。冬の剪定では、主幹と開花予定の各枝の先端を五～一〇センチほど切ります。この時、葉芽を少し残すように注意を。同時に開花予定の枝を間引き、開花・結実数を調整します。また開花前に枝の根元近くの蕾を落とし、花数を三分の一くらいに減らします。

植え付け・植え替え／冬に行います。鉢植えの用土は、赤玉土七割に腐葉土を三割混ぜたものなどを用います。

肥料／庭植えの場合は冬に有機配合肥料・秋に速効性の化成肥料、鉢植えの場合は春・秋に緩効性化成肥料か発酵固形油粕を施します。

病害虫／代表的な病気は葉が縮れる縮葉病、葉や果実に斑点ができる穿《せん》孔細菌病《こうさいきんびょう》、花や果実が腐る灰星病《はいぼしびょう》など。害虫は樹皮を食べるコスカシバの幼虫、アブラムシなどが発生します。病気の葉や果実は取り除き、対応した薬剤を散布します。

増やし方／接ぎ木で増やします。

カレンダー

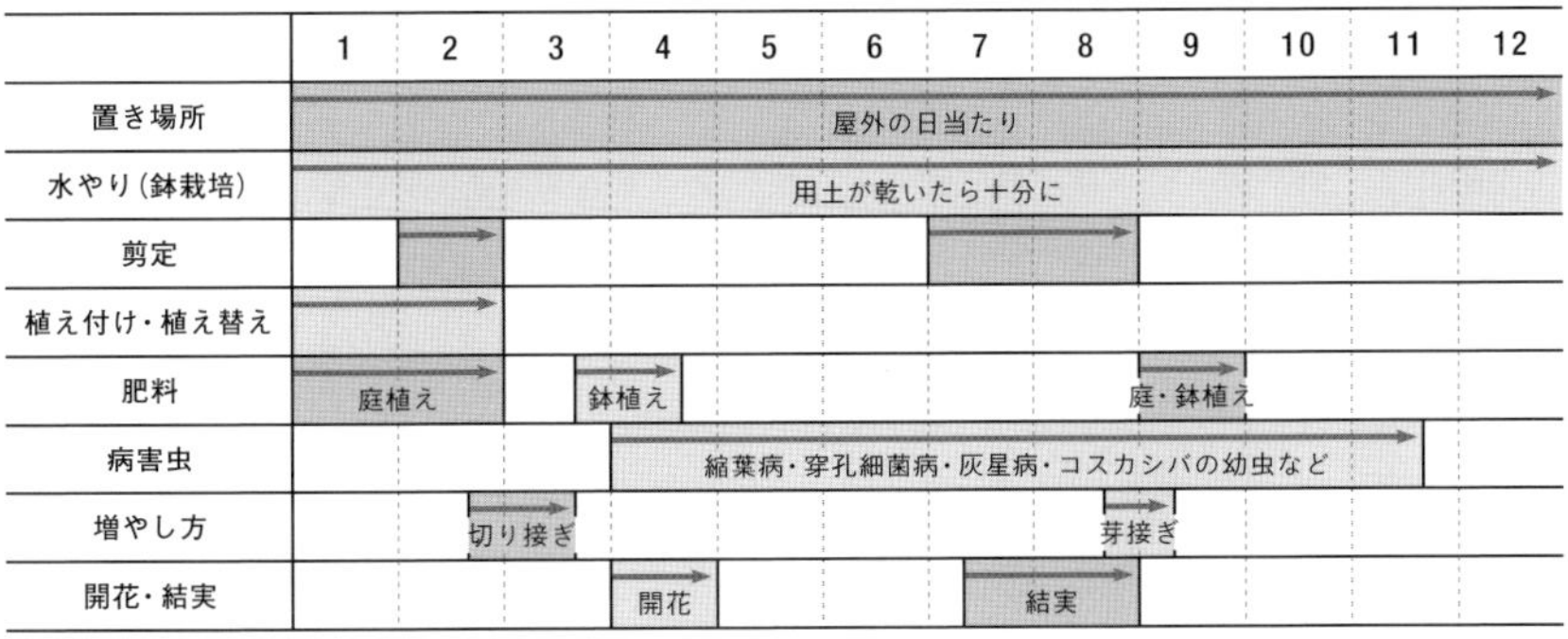

地球の最期をみとる木
ベンガルボダイジュ

圧倒的な生命力を持ち
一本で森を形作るベンガルボダイジュ。
『地球の長い午後』では
光と熱と湿気の中で生長を続ける
ベンガルボダイジュに覆い尽くされ
ゆっくりと終末を迎える地球と
滅亡の寸前までやむことのない
生命の営みが描かれています。

地球の自転は止まり、太陽を向いた半面には永遠の昼、反対の半面には永遠の夜が訪れました。太陽は空の一か所にとどまり、さほど遠くない未来に燃え尽きてしまうまで地球の半面を照らし続けます。熱と光に満ちた昼の半面では、生命力にあふれたベンガルボダイジュが繁茂し続けています。それはほかのベンガルボダイジュに根付いて一体となり、地上のあらゆるものを圧して生長して行きました。その結果、地球の昼の面の大陸はすべて、巨大な一本のベンガルボダイジュから成る森によって覆いつくされてしまったのです。

イギリスのSF作家、ブライアン・W・オールディスの『地球の長い午後』に描かれた遠い未来の地球の姿です。この世界に生き残った動物はごくわずかで、その空隙を埋めるように植物は異様な進化を遂げています。樹上から大地まで長い舌を伸ばして土を吸い上げる鳥のような植物、動き回って獲物を捕食する植物などが新たな生態系を築き上げています。

ベンガルボダイジュの森の頂上には、巨大なクモのような植物が生息しています。彼らは糸を放出しながら宇宙空間に飛び出し、地球と動きを止めた月とを自由に行き来しています。年老いた地球には、くもの巣が張り巡らされているのです。

人間はもはや絶滅寸前の生物。その体は現代の人類の五分の一ほどの大きさになり、深く思考する能力を失って、肉食の植

ベンガルボダイジュ（ベンガル菩提樹）
Ficus benghalensis
分類／クワ科イチジク（フィクス）属
原産地／インド～熱帯アジア
タイプ／熱帯・亜熱帯植物
※写真は園芸品種の‘クリシュナボダイジュ’

物や巨大なハチを避けながらベンガルボダイジュの樹上でひっそりと暮らしています。主人公はアミガサタケというキノコに寄生され、その助けによって考える能力を獲得したグレンという少年です。彼はアミガサタケとともに行動するうちに、人間が生命の本流から外れた存在であること、この地球が数千年先には消滅してしまうことを知ります。なくなることの分かっている世界で、どのように生きる意味を見付けることができるのか。アミガサタケと決別したグレンの単純明快な行動によって、ひとつの答が示されて物語は終わります。

＊

ベンガルボダイジュはインドや熱帯アジアに自生するクワ科イチジク属の植物です。樹高三〇メートルに達する高木で、長さ二五センチほどになる大きな楕円形の葉をつけます。ベンガルボダイジュも、インドボダイジュ同様、小さなイチジクのような花嚢《かのう》（開花後は果嚢《かのう》）を付けます。なお、熟したベンガルボダイジュの果嚢は食用にされます。

『地球の長い午後』に描かれた未来のベンガルボダイジュは、ほかの株に根付いて一体となって育っていきました。現代のベンガルボダイジュも同様で、鳥に運ばれた種がほかの樹木の上で発芽すると、その場で生育する能力を持っています。また未来の子孫同様、現代のベンガルボダイジュも一株で「森」を形成する植物として知られています。

ベンガルボダイジュは、長く伸ばした枝から気根を出します。その気根は地面に触れると根付き、幹のように変化して、たくさんの幹が地面から生えた森のような樹形を形成します。インド・コルカタ近郊にあるハウラー植物園（インド国立植物園）には樹齢二百数十年の巨樹がありますが、これは約二千八百本の気根を持ち、約一・五ヘクタールの面積に広がっています。つまり、一株で阪神甲子園球場のグラウンド（約一・三ヘクタール）よりも大きな森を形成しているというわけです。

強い生命力を持ったこの木は、数々の伝説に彩られています。古代インドの伝説では、世界中が水没し、あるいは炭となっても、ベンガルボダイジュだけは永遠に残るとされています。地球の最期をみとるのにふさわしい木と言えるでしょう。

ベンガルボダイジュは仏典にも登場します。インドボダイジュの下で悟りを開いたブッダ（一〇〇ページ）は、ベンガルボダイジュの下に移って悟りの境地を味わったと伝えられます。そこにひとりのバラモン（生まれによって定められた最高位の司祭階級）がやって来て、「人は何によってバラモンになるのか」と問いました。それに対してブッダは、人は生まれではなく、その行いによってバラモン（真のバラモン＝煩悩の尽きた者）になるのだと宣言しています。

種類と入手法／ベンガルボダイジュの原種は園芸店でよく販売されます。原種と並んで比較的よく出回るのはコンパクトな〝ペコ〟。普通のベンガルボダイジュの葉は平らですが、コップのように巻く園芸品種に〝クリシュナボダイジュ〟（七七ページ）があります。ベンガルボダイジュに少し似た別種にフィクス・アルティシマがあり、斑入りの園芸品種がよく出回ります。

置き場所／鉢植えにして、気温の高い時期には屋外の日当たりのいい場所に置きます。ただし日陰に慣れた株にいきなり強い光を当てると、葉焼けを起こすので注意。まず屋外の明るい日陰に二週間くらい置き、慣らしてから日当たりのいい場所に移動します。冬は日当たりのいい室内に。冬の最低気温は三℃を保てば十分です。

水やり／用土が乾いたら、鉢底から流れ出すくらい十分に水を与えます。夏の間は雨に当てても問題ありません。冬、低温の場所では、水やりの頻度をやや控えめに。

剪定／伸びすぎたら行います。ほぼどこで切っても、切り口の下から新芽が伸びてきます。切り口から白い樹液を出すので、拭き取ります。

植え付け・植え替え／植え替えの用土は市販の「観葉植物の土」や、赤玉土七割に腐葉土を三割混ぜたものなどを用います。

肥料／生育する時期に肥料を継続して与えます。緩効性化成肥料の置き肥が使いやすいでしょう。

病害虫／日当たりと風通しのいい場所で病害虫に強い株に育てます。カイガラムシは歯ブラシなどでこすり落とし、アブラムシは薬剤で駆除します。

増やし方／茎を一〇～一五センチの長さに切り、下の方の葉を取り去ります。切り口から出る白い樹液をよく洗い流し、赤玉土などの無肥料で清潔な用土に挿します。

カレンダー

*1 3℃以上の日当たりのいい室内に置く。
*2 低温の場所では、やや控えめにする。

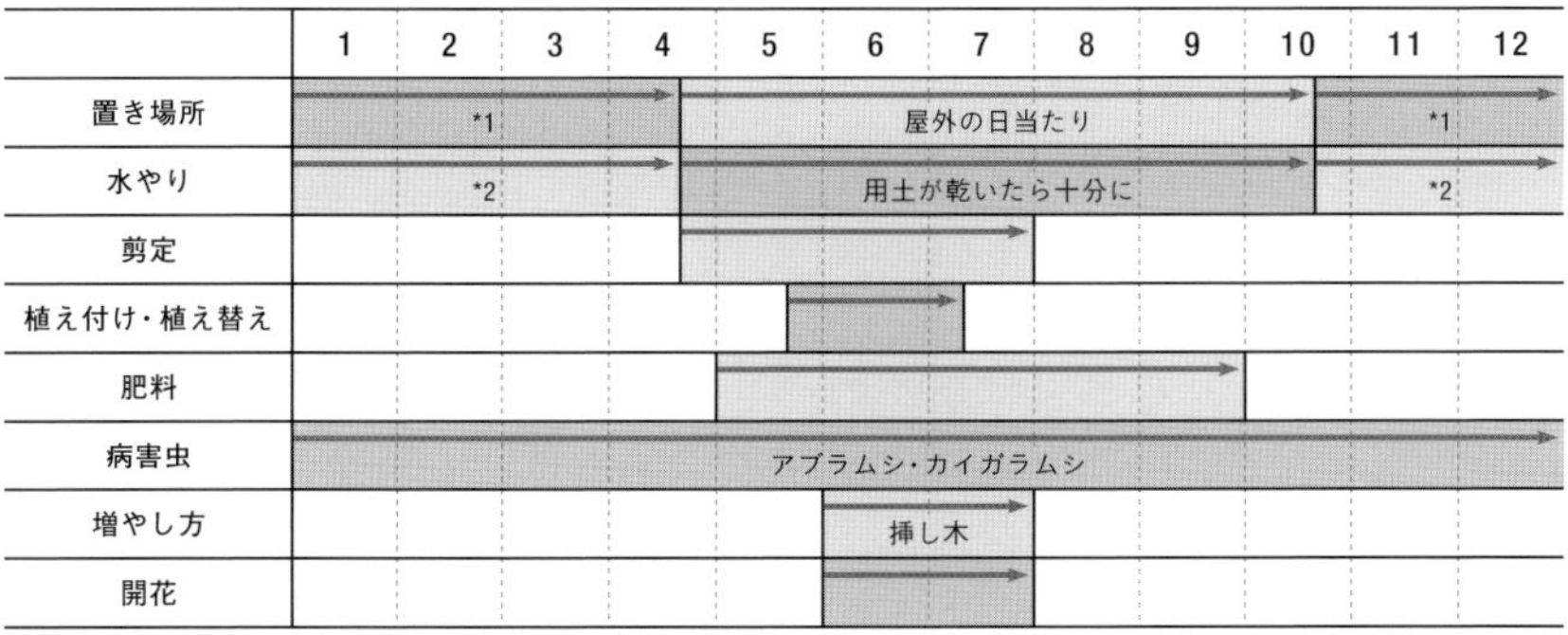

伝説の彼方のマジカルな植物マンドラゴラ

引き抜かれる時に
聞く者を死に至らしめる叫びを上げ
持ち主に富をもたらすという
伝説の植物・マンドラゴラ。
数々の伝説の彼方にあって
実在するとは思えないような存在ですが
花を咲かせて実を結ぶ現実の植物です。
現実のマンドラゴラは
いったいどんな植物なのでしょうか。

伝説に彩られた植物はたくさんありますが、中でもとりわけ秘密めいているのがこのマンドラゴラではないでしょうか。その根が人の姿に似ていること、毒性を持つことから神秘的な植物と考えられたのでしょう。たとえば『グリム伝説集』には、次のような言い伝えが載っています。

――アルラウネ（マンドラゴラのドイツ名）を掘り取るためには金曜日の夜明け前、真っ黒な犬を連れて行きます。この時、自分の耳は蠟などでしっかりとふさいでおく必要があります。アルラウネの上で十字を三回切ってから、周囲の土を取り除き、細い根だけが埋まっている状態にします。その後、犬とアルラウネを紐でつないで引き抜かせます。アルラウネは叫び声を発し、それを聞いた犬は死んでしまいます。

――掘り上げたアルラウネの根を赤ワインで洗い、赤と白の模様の絹布に包んで箱に入れておきます。金曜日には風呂に入れ、新月のたびに新しい白い服に着替えさせれば、アルラウネは予言を行い、持ち主に利益を与えてくれます。アルラウネのそばにコインを置いておけば、翌朝には倍に増やすこともできます（ただし、欲張りすぎるとアルラウネは弱ってしまいます）。

「マンドラゴラを引き抜く者は死ぬ」という伝説は、かなり古い時代に起源を持つようです。一世紀に書かれた『ユダヤ戦記』（ヨセフス著）には、マンドラゴラと推定されるバアラスとい

マンドラゴラ
Mandragora officinarum
分類／ナス科マンドラゴラ属
原産地／地中海沿岸地方
タイプ／多年草

う植物の記述があります。引き抜く前のバアラスに触れるのは危険なため、やはり犬を使って引き抜くこと、その犬は死んでしまうことなどが記されています。

さらに古い時代、ギリシアの哲学者テオフラストス（紀元前四～三世紀）の『植物誌』に書かれた採取法は、もっと簡単なものです。剣で株の周囲に三重の円を描いてから、西を向いて採取するという方法が紹介されています。

マンドラゴラは毒性が強い植物ではありますが、もともとは薬用に使われたのでしょう。『旧約聖書』には、レアとラケルの姉妹をめとったヤコブの話があります。ある時、レアの息子がマンドラゴラを見付けてきました。子がないラケルは、それを分けてくれるようにレアに頼みます。レアはヤコブの心がラケルにあることに悩んでいたので、彼を自分のもとに来させることを条件に承諾。その結果、レアは妊娠し、ラケルも念願の子を授かりました。これはマンドラゴラの、おそらくは強く甘い香りを放つ果実が不妊の治療薬、または媚薬と考えられていたことを示すのでしょう。

マンドラゴラは現代の映画にも登場します。たとえば『ハリー・ポッターと秘密の部屋』では、叫びを聞かないように、大きな耳当てを付けてマンドラゴラの植え替えを行うハリーたちの姿が描かれています。マンドラゴラが印象的に用いられたもうひとつの映画は、内戦下スペインの過酷な現実と、主人公の少女が体験するファンタジーを重層的に描いた『パンズ・ラビリンス』。ここでは、マンドラゴラは現実とファンタジーの両方の世界にまたがるような存在として登場しています。

＊

マンドラゴラ（マンドラゴラ・オフィキナルム）は地中海沿岸地方に自生する多年草。茎はなく、地面に大きな葉を広げる植物です。若い株はのっぺりとした葉を付け、伝説の植物としてのオーラをあまり感じさせません。しかし、やがて凹凸のある葉を付けるようになり、風格が出てきます。根は肥大して複数に分かれ、年を経るほど奇怪な形になって行きます。

春から初夏にかけて、株の中心近くに紫色の花を咲かせます。果実は球形で直径四センチほどになり、黄色く熟して甘い香りを放ちます。葉は六月ごろに枯れ、そのまま根だけで夏越しをして、九～一〇月ごろに芽を出して生育を再開します。

マンドラゴラ属には六種ほどがあり、マンドラゴラ・アウツムナリスという秋咲き種も栽培されています。マンドラゴラには男女の別があるという言い伝えにちなみ、マンドラゴラ・オフィキナルムの英名マンドレイク（mandrake／マンドラゴラの英名）に対して、マンドラゴラ・アウツムナリスを女のマンドレイク、ウーマンドレイク（womandrake）と呼ぶ人もいます。

種類と入手法／山野草の専門店などで、まれに苗が販売されます。通信販売を根気よく探してみましょう。種の入手は比較的簡単です。マンドラゴラ・オフィキナルムとマンドラゴラ・アウツムナリスが流通しています。触れたら手を洗う、口にしないなど、ダチュラなどほかの有毒植物に対するのと同様の注意を。

置き場所／鉢植えとして屋外の日当たりのいい場所で栽培します。耐寒性は強く、零下の気温にも耐えますが、寒冷地では冬季のみ室内に入れた方がいいかもしれません。室内に置く場合、日当たりのいい暖房のない場所を選びます。初夏に地上部が枯れた後、秋まではやや涼しい場所で管理した方がいいでしょう。

水やり／葉のある時期（九月～六月）には用土が乾いたら、鉢底から流れ出すくらい十分に水を与えます。もちろん、雨に当てても構いません。葉のない時期にはやや乾燥ぎみに管理しますが、完全には乾かさないように注意しましょう。

剪定／行いません。

植え付け・植え替え／植え替えは秋、生長を開始する直前に行います。用土は市販の「山野草の土」、小粒の赤玉土と日向土（あるいは軽石砂など）を等量ずつ混ぜたものなどを用います。赤玉土七割に腐葉土を三割くらい混ぜたもので育てている人もいるようです。環境に合わせて用土を工夫してみましょう。植え替えの際、耳栓の使用はご自由に。

肥料／春と秋に緩効性化成肥料か発酵固形油粕を少量施します。

病害虫／アブラムシが発生したら薬剤で駆除します。ハダニを予防するため、葉にシャワーを。葉の付け根（根の上部）が腐ってしまうことがありますが、根が生きていれば下の方から新芽を出します。

増やし方／秋に小粒の赤玉土などに種をまいて、一センチほど土を掛けます。屋外に置いて水やりを続けると、春に発芽します。

カレンダー

<table>
<tr><th></th><th>1</th><th>2</th><th>3</th><th>4</th><th>5</th><th>6</th><th>7</th><th>8</th><th>9</th><th>10</th><th>11</th><th>12</th></tr>
<tr><td>置き場所</td><td colspan="5">屋外の日当たり</td><td colspan="3">できるだけ涼しい場所</td><td colspan="4">屋外の日当たり</td></tr>
<tr><td>水やり</td><td colspan="5">用土が乾いたら十分に</td><td colspan="3">やや控えめに</td><td colspan="4">用土が乾いたら十分に</td></tr>
<tr><td>剪定</td><td colspan="12">行わない</td></tr>
<tr><td>植え付け・植え替ええ</td><td colspan="8"></td><td colspan="2"></td><td colspan="2"></td></tr>
<tr><td>肥料</td><td colspan="2"></td><td></td><td colspan="5"></td><td colspan="2"></td><td colspan="2"></td></tr>
<tr><td>病害虫</td><td colspan="5">アブラムシ・ハダニ</td><td colspan="3"></td><td colspan="4">アブラムシ・ハダニ</td></tr>
<tr><td>増やし方</td><td colspan="8"></td><td colspan="2">種まき</td><td colspan="2"></td></tr>
<tr><td>開花・結実</td><td colspan="2">開花</td><td colspan="2"></td><td colspan="2">結実・種を採る</td><td colspan="6"></td></tr>
</table>

シャーロック・ホームズ、バラを語るモスローズ

ホームズと言えば冷徹な機械のような探偵。
およそ花に興味のなさそうな人物ですが
珍しくバラについて語ったことがあります。
彼はいったい何を考えていたのでしょうか。
この時のホームズの心境と
異例の発言を促したモスローズの名前を
シャーロキアンにならって推理してみましょう。

しかし、このバラは余計なものでしかない。その香りといい色といい、たしかに人生を美しく彩るものではあるけれど、でも必要不可欠なものではありません。そして、その余計なものこそ、まさに神のなせるわざなのであり、だからこそ、重ねて申しますが、我々は花から多くの希望を与えられるわけです。

——シャーロック・ホームズ

コナン・ドイル著、W・S・ベアリング＝グールド編 小池滋編訳
『詳註版 シャーロック・ホームズ全集6』一九九七年 筑摩書房 より

サー・アーサー・コナン・ドイルは探偵シャーロック・ホームズを主人公とする物語を六〇編書き残しています。有名なシャーロキアン（ホームズの熱心なファン）、W・S・ベアリング＝グールドによると、その中でホームズが宗教に関する発言を行っているのはただ一度だけ。それが右のせりふです。宗教とともに、バラについて熱心に語っているのもまた異例です。

この時、ホームズが扱っていたのは「海軍条約事件」という極秘文書の盗難事件です。盗まれたのはイギリスとイタリアの密約に関する書類で、公表されれば戦争の原因にもなりかねないものでした。依頼人である外務省高官、パーシー・フェルプスの家で事件の概要を聞き終えたホームズは、窓のそばに咲いていたモスローズを手に取って言います。「バラとは何と美し

モスローズ（moss rose）

Rosa cvs.

分類／バラ科バラ属

原産地／ロサ・ケンティフォリアの枝変わりに由来する園芸品種群

タイプ／落葉樹

いものなのだろう！」と。その後に続くのが冒頭の言葉です。

この場面のホームズの発言はきわめて唐突で、こんな場違いな発言をする人物に事件が解決できるのだろうかとフェルプスは失望をあらわにします。あるいはこれは何か意味のある演技かとも見えるのですが、実際には事件解決の役に立っていません。従って、いささかエキセントリックではありますが、これは純粋にホームズの本心から出た感慨と考えてよさそうです。

ホームズはこの時点で事件の真相を説明する仮説を立てていたようです。彼は犯人と動機をすでに見通し、人間の欲望に強い不快の念をおぼえていたのかもしれません。まさにその時、バラと接し、欲望と無関係に成立する美しさに打たれたのではないでしょうか。人間のバラの花に対するあこがれは、食物や金銭を得たいという欲望とは別のところに根差しているのでしょう。欲望とは無関係にバラを求める気持ち、それが人間に存在することに、ホームズは希望を見出したのかもしれません。

この事件の数年後、ホームズは四九歳（推定）にして引退し、サセックスの田園でミツバチを飼い、悠々自適の生活を送ることになります。いつしか人間界の事件よりも穏やかな自然を楽しむ心境になっていたようですが、その変化はモスローズを見たころからすでに準備されていたのかもしれません。引退後のホームズはきっと、モスローズの栽培を楽しんでいたに違いないと筆者はにらんでいます。

ホームズを魅了したモスローズはオールドローズの一系統です。いくつかの園芸品種がありますが、いずれも萼片《がくへん》が柔らかい繊毛に覆われていて、あたかもコケ（moss）が密生しているように見えるのが特徴。花形は八重カップ咲き、クォーターロゼット咲き（中心部が四分割されたような花形）など、いずれも優雅なものです。モスローズの多くが、かなり強いダマスク香（多くの人がイメージするバラらしい香り）を持っています。

さて、ホームズが見たのはモスローズの中の何という園芸品種だったのかを推理してみましょう。それはまず、事件のあった一八八九年（推定）以前に作り出されたものでなくてはなりません。花色は真紅（crimson）。ホームズがフェルプスの家を訪れたのは、一季咲きのモスローズの花は終わっているはずの七月末なので、春から秋まで繰り返し咲く四季咲き、あるいは春以降も不定期にもう一度咲く返り咲きの品種でしょう。

現在知られている品種の中から探すと、一八六五年作出の〝ジェームズ・ヴィーチ〟（四季咲き）、一八七三年作出の〝ドゥイユ・ドゥ・ポール・フォンテーヌ〟（返り咲き）あたりが条件に合います。いずれも紫がかった紅色の花ですが、咲き始めは真紅と表現できそうな色合いです。特にジェームズ・ヴィーチは暑い盛りにも開花するので、有力な候補と言えるでしょう。

種類と入手法／バラ専門店で販売されています。本文でご紹介した二品種のほか、'アンリ・マルタン'（紅色・一季咲き）、'カピテーヌ・ジョン・イングラム'（紅色・一季咲き）、'ジェームズ・ミッチェル'（ピンク・一季咲き）などがよく販売されます。

置き場所／庭植えか鉢植えとし、一年中、屋外で栽培。できるだけ日当たりのいい場所で育てましょう。

水やり／鉢植えの場合、鉢土の表面が乾いたら、鉢底から流れ出すくらい十分に水を与えます。

剪定／冬に枯れた枝などを根元から切り、シュートの先端を剪定します（強剪定も可）。四季咲きの品種は、開花後に花の付いた枝の二〜三分の一ほど剪定。必要に応じて、夏の終わりに樹形を整える程度の剪定を行います。

植え付け・植え替え／冬に行います。根鉢を崩さない植え付けは真夏以外いつでも可能です。鉢植えの用土は市販の「バラの土」や、赤玉土七割に腐葉土を三割混ぜたものなどを用います。

肥料／庭植えの場合、冬に有機配合肥料、花後の六月くらいに速効性化成肥料を施します。四季咲き品種には、八月末にも速効性化成肥料を施します。鉢植えの場合、三〜一〇月の間、緩効性化成肥料か発酵固形油粕を継続して与えます。

病害虫／主な病気はウドンコ病、黒点病など。害虫は樹液を吸うアブラムシ、カイガラムシ、葉を食べるチュウレンジバチなど。健康に育てるとともに、適切な薬剤で防除します。

増やし方／挿し木が比較的簡単です。春に葉のない枝を挿す（休眠枝挿し）か、生長して固まった枝を梅雨時に挿します（緑枝挿し）。秋挿しも可能です。挿し穂の長さは一〇センチほどとし、赤玉土などの無肥料で清潔な用土に挿します。半日陰の場所に置き、乾かさないように管理して発根を待ちます。

カレンダー

*1 四季咲き性の品種は花が咲き終わるごとに剪定を行う。

*2 一季咲きの品種の開花は5月のみ。四季咲きの品種は秋まで咲く。

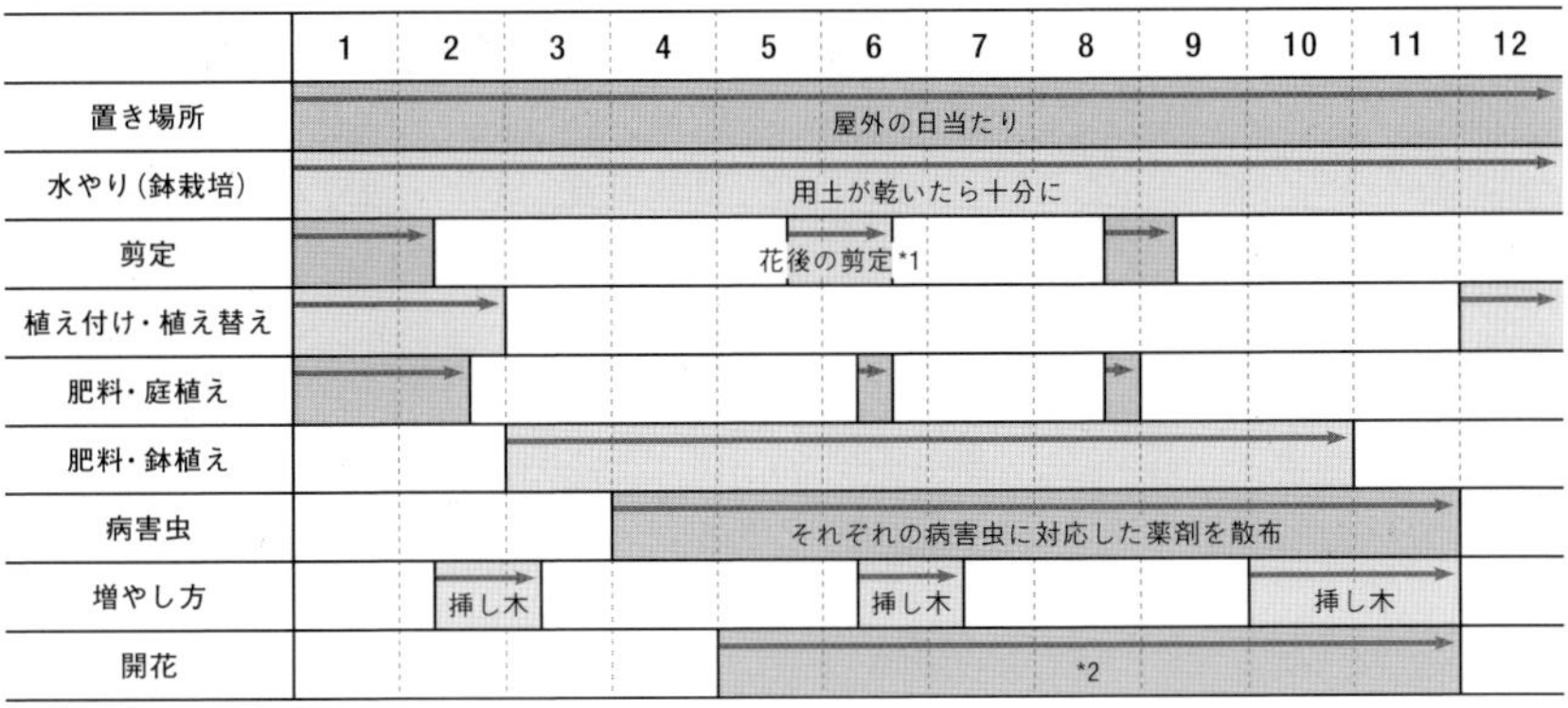

Column 2

映画の植物

二章でご紹介したほかにも、植物の登場する映画はたくさんあります。そのうちのごく一部をご紹介しましょう。

古い映画から、まずは『ひまわり』(ヴィットリオ・デ・シーカ監督／イタリア／一九七〇年)。第二次大戦中に行方不明になったイタリア人の夫を探すため、戦後、旧ソ連を訪れた妻(ソフィア・ローレン)の前に茫洋と広がるヒマワリ畑が何度も映し出されました。それは気の遠くなるような国土の広さ、そしてその中でたったひとりの人間を探す絶望感を一瞬で納得させるような映像でした。

ホラー映画の古典『フランケンシュ

タイン』（ジェームズ・ホエール監督／アメリカ／一九三一年）は、フランケンシュタイン博士のつくり出した「怪物」に、少女がフランスギクとおぼしき花を手渡すシーンがあり、これが悲劇のきっかけとなります。

『リトル・ショップ・オブ・ホラーズ』（フランク・オズ監督／アメリカ／一九八六年）はミュージカル、『オテサーネク 妄想の子供』（ヤン・シュヴァンクマイエル監督／二〇〇〇年）はチェコの民話をもとにした映画。ともに「食人植物」を取り上げています。

『グリーン・カード』（ピーター・ウェアー監督／アメリカ／一九九〇年）は偽装結婚を行う女性園芸家の話。『グリーンフィンガーズ』（ジョエル・ハーシュマン監督／イギリス／二〇〇〇年）は、刑務所で園芸に目覚める四人男性の話です。

ヨーロッパのヒマワリ畑

第三章

偉人にまつわる植物たち

プラントハンター ロバート・フォーチュンを日本へ誘ったアオキ

一九世紀の高名なプラントハンター
フォーチュンが、開国間もない
日本を訪れた目的のひとつは
アオキの雄木を手に入れることでした。
ありふれた地味な植物が
ヨーロッパでは憧憬の植物となり
外国人にとって危険の多い
幕末の日本へ渡ることを決意させたのです。

一八六〇年の秋、ひとりのイギリス人が日本を訪れました。彼の名はロバート・フォーチュン（一八一二―八〇）で、すでに何度も中国を訪れて、たくさんの植物を母国に持ち帰っているプラントハンターです。一八六〇年と言えば、函館港・横浜港・長崎港が開港した翌年、江戸幕府の大老・井伊直弼が殺害された「桜田門外の変」の起こった年です。滞在先の中国で日本が開港したことを知り、勇んでやってきたフォーチュンの目的のひとつは、アオキの雄木を手に入れることでした。

アオキは日本原産の植物で、いたるところに植栽もされていて、私たちにはなじみが深いはずです。しかし、改めて「どんな植物？」と聞かれると返答に困る人も多いかもしれません。常緑とか、斑入りのものもあるとか、冬に赤い実を付けるなど、いくつかの特徴は挙げることができても、話はそこで終わってしまいそうです。どちらかというと地味で、あまり印象には残らない植物です。少なくとも日本では、あまり日の当たらない庭の片隅などにひっそりと植えられ、ほとんど注目されることのない植物と言っても言い過ぎではないでしょう。

ところが、常緑広葉樹が少ないイギリスでは貴重な植物とされたようです。アオキがヨーロッパに渡ったのは一七八三年のことで、これが後にイギリスに導入されました。この時のアオキは黄色の斑入り品種だったようです。はじめは温室で大切に

アオキ（青木）
Aucuba japonica
分類／ガリア科（ミズキ科）アオキ属
原産地／日本（本州・四国）
タイプ／常緑樹

育てられていましたが、やがて屋外でも冬越しができることが判明。丈夫で育てやすく、寒々とした冬の庭を鮮やかな緑で彩ってくれる素晴らしい植物とみなされるようになりました。

しかし、たったひとつだけとても残念に思われることがありました。それはこのアオキがまったく実を付けなかったことです。じつはアオキには雄木と雌木があり、両方揃わないと実を付けないのですが、この時代のヨーロッパには雌木しか存在しなかったからです。そこでイギリスのアオキに実を付けさせるために、原産地の日本を訪れ、雄木を入手する必要があったというわけです。

さて、来日したフォーチュンは横浜でめでたくアオキの雄木を入手し、イギリスに送ります。その結果、イギリスのアオキも結実するようになり、人々は初めてアオキの果実を目にすることができたのです。雌木の導入後、およそ八〇年が経過してはじめて成し遂げられた快挙でした。

＊

アオキは高さ三メートルほどになる常緑低木で、関東以西の本州（中国地方を除く）・四国に分布しています。なお、北海道から本州の日本海側にはひとまわり小さい変種のヒメアオキが、中国地方・四国・九州・沖縄などにはやはり変種のナンゴクアオキがあります。

開花は三月から五月で、茶色っぽい小さな花を多数付けます。この時にルーペで観察すると、雄株に付く雄花には四つの雄しべが、雌株に付く雌花にはひとつだけの雌しべがあるので、区別することができます。秋になると果実はオレンジ色～赤に色付きますが、熟しても白や黄色のままのものもあります。鳥たちのごちそうで、実が春まで残ることはあまりないようです。

原種の葉色は緑一色ですが、葉の縁に覆輪斑の入るもの、中央に中斑の入るもの、全面に細かい斑が入るものなどが栽培されています。鳥の運んだ種からアオキが芽生えることもありますが、このような苗の中にも斑入り品は多く出現するようです。

なお余談ですが、植物の斑入り葉に最初に美を認めたのは日本人だと言われています。アオキのような日本の斑入りの植物が持ち込まれてはじめて、ヨーロッパでも斑入りの植物に観賞価値が認められるようになったようです。もちろん、それまでヨーロッパでもさまざまな植物の斑入り品は誕生していたでしょうが、大切にされることなく消えてしまったのでしょう。

アオキという名は、常緑で葉も若い枝も緑色であることから付けられたものでしょう。しかし我が国ではあまり注意を払われなかったためか、「青木」の名が文献に登場するのは遅く、貝原益軒の『花譜《かふ》』（一六九四年）が初出のようです。なお属名の *Aucuba*（アウクバ）は青木葉《あおきば》に由来します。

種類と入手法／園芸店などで入手可能です。葉の中央に黄色い斑が入る'ピクツラタ'、大きい黄斑が全面に散る'駿河弁天'、一株でも結実し、赤い大きな実をたくさん付ける'ロザニー'などがよく販売されます。あるいは鳥によって運ばれた種から、庭や鉢などに自然に生えてくることもあります。普通のアオキは雌雄異株なので、実を付けさせるためには雌株を入手し、近くに雄株がある環境で育てる必要があります。

置き場所／庭植えか鉢植えとして一年中屋外で栽培します。明るい日陰の場所が最適です。

水やり／鉢植えの場合、用土が乾いたら、鉢底から流れ出すくらい十分に水を与えます。もちろん、雨に当てても構いません。

剪定／自然に樹形が整いますが、伸びすぎた場合は春に行います。全体に刈り込むのではなく、不要な枝を付け根から切るように剪定するといいでしょう。

植え付け・植え替え／春か秋に行います。鉢植えの用土は、赤玉土七割に腐葉土を三割混ぜたものなどを用います。

肥料／庭植えの場合は冬に有機配合肥料、鉢植えの場合は春に緩効性化成肥料か発酵固形油粕を施します。

病害虫／病害虫は比較的少なく、丈夫な植物です。風通しをよくして、病害虫の発生を予防しましょう。カイガラムシが発生した場合は歯ブラシなどでこすり落とします。

増やし方／園芸品種は挿し木で増やします。今年伸びた枝を一〇～二〇センチほどの長さに切り、数枚の葉だけを残します。大きい葉は半分くらいに切ってもいいでしょう。赤玉土などの無肥料で清潔な用土に挿します。種まきも可能で、赤く熟した果実の果肉を取り去り、洗ってすぐにまきます。園芸品種の種をまいた場合、親と同じ品種にはなりませんが、観賞価値の高い斑入りの個体の出現率は高いようです。

カレンダー

*1 前年に咲いた花がこの時期に結実する。

	1	2	3	4	5	6	7	8	9	10	11	12
置き場所	屋外の明るい日陰（1〜12月）											
水やり（鉢栽培）	用土が乾いたら十分に（1〜12月）											
剪定		●	●									
植え付け・植え替え				●					●	●		
肥料	庭植え	庭植え	鉢植え	鉢植え								
病害虫	カイガラムシ（1〜12月）											
増やし方			種まき	種まき		挿し木（最適期）	挿し木（最適期）	挿し木（可能）	挿し木（可能）			
開花・結実			開花・結実*1・種を採る	開花・結実*1・種を採る	開花・結実*1・種を採る							

コリント式建築に記憶された少女の死 アカンサス

普通は忘れ去られてしまう人の死が
何かのきっかけで、数千年にわたって
記憶されることもあります。
古代ギリシアのコリント式建築様式には
二五〇〇年前の少女の死と
彼女が葬られた場所の様子
周囲の人々の哀悼の気持ちまでも
しっかりと刻まれています。

紀元前五世紀ごろのギリシアの話です。

ペロポネソス半島にあるコリントスの町で、ひとりの少女が病気のために亡くなりました。彼女の乳母は少女が生前大切にしていたものを集め、籠に入れて墓に置きました。そして雨と風を避けるために、籠の上にタイルを乗せておいたのです。

その籠の下には、たまたまアカンサス（アカンツス）の根がありました。春になるとアカンサスは芽吹きましたが、障害物があるためにまっすぐに葉を伸ばすことはできません。上に籠とタイルを乗せたまま、アカンサスの葉は曲がりくねって渦を巻くように育ちました。

ちょうどその場所をひとりの男が通り掛りました。カクテクノス（技に優れた者）と呼ばれた彫刻家のカリマコスです。彼はこのアカンサスの葉の作りだした造形の美しさに感動し、これを手本として新しい建築様式を作り上げました。

以上は、ウィトルーウィウスが著した『建築十書』にある記述です。ウィトルーウィウスは紀元前一世紀のローマの建築家で、『建築十書』は現存する最古の建築書です。建築理論はもちろん、科学技術や芸術についての記述も多く、当時を知るための貴重な資料とされています。

カリマコスが作り出したとされるのは、現在、コリント式として知られる様式です。古代ギリシアに起源を持つ建築の様式

アカンサス・スピノサス
（アカンツス・スピノスス）
Acanthus spinosus

分類／キツネノマゴ科アカンツス属
原産地／ヨーロッパ南部から西南アジアにかけて
タイプ／多年草

はドリス（ドーリア）式・イオニア式・コリント式の三つに分類され、それぞれの特徴は柱頭（柱の最上部）によく表れています。柱頭が皿のように単純な形をしているのがドリス式、一対の渦巻きの装飾を持つのがイオニア式、そしてデザイン化されたアカンサスの葉で飾られるのがコリント式です。

　コリント式建築は古代ローマで発達し、パンテオンなどの壮麗な建築物を生み出しました。アカンサスの装飾はやがて建築から離れて用いられるようにもなり、イラン、アフガニスタン、インド、さらに中国に伝えられました。中国で五世紀に作られた雲岡石窟《うんこうせっくつ》の彫刻に、アカンサスの文様を見ることができます。

　この文様は中世ヨーロッパにおいて教会の壁画や天井画などにも用いられ、ルネサンス期にはアカンサスの中にコルヌコピア（果実などで満たされた豊穣の角）、グリーンマン（植物人間）、ユニコーンなどを配したグロテスク文様へと発展しました。

　この伝統は、詩人にしてデザイナー、社会改革家で、近代デザインの父と呼ばれるイギリスのウイリアム・モリス（一八三四―九六）に引き継がれます。彼は書物の装丁、タペストリー、壁紙など、植物の文様を使って多くの製品のデザインを行っています。モチーフとして特にアカンサスを好み、その葉が躍動するような表現の作品を残しています。

＊

　アカンサス属には五〇種ほどの原種がありますが、日本で植栽されるのは主にアカンサス・モリスで、まれにアカンサス・スピノサス（アカンツス・スピノスス）が栽培されています。アカンサスの装飾のモデルになったのは、このうちのアカンサス・スピノサスの方だと言われています。

　アカンサス・モリスは北アフリカ、ヨーロッパ南部、西南アジアに自生する大型の多年草です。長さ六〇センチほどの葉は深い切れ込みを持ちますが、ぎざぎざの先端にはとげはありません。開花は夏で、長い花穂にピンクがかった白色の花を多数付けます。それぞれの花の上に、紫色の萼《がく》が帽子のようにかぶさっているのが特徴的です。葉が黄緑色になるもの、花色が異なるものなど、いくつかの園芸品種があります。

　アカンサス・スピノサスはヨーロッパ南部から西南アジアにかけて自生する、アカンサス・モリスよりもひとまわり小さい多年草です。葉はやはり深く切れ込み、ぎざぎざの先端にはとげを持ちます。開花時期、花や萼の形態などはアカンサス・モリスとほぼ同様です。

Acanthus（アカンサス）という属名は「とげ」を意味するギリシア語に由来します。アカンサス・モリスにはハアザミという和名が付けられていますが、これは葉がキク科のアザミの仲間に似ていることを表しています。

種類と入手法／いちばん出回りが多いのはアカンサス・モリスの原種。新葉が鮮やかな黄緑色になる'ホラーズゴールド'、'ニュージーランドゴールド'、萼が緑色で花が白色の'アルバ'などの園芸品種も販売されます。アカンサス・スピノサスは比較的目新しい植物ですが、最近では園芸店の店頭にも並ぶようになりました。入手が難しい場合は通信販売を利用します。

置き場所／一年中、屋外の日当たりのいい場所で栽培します（明るい日陰でも栽培可能）。大きく育つので庭植えが最適ですが、大きめの鉢でも栽培できます。

水やり／鉢植えの場合、用土が乾いたら、鉢底から流れ出すくらい十分に水を与えます。もちろん、雨に当てても構いません。

剪定／地上部の剪定は行いません。花が終わったら、種を採らない場合は花茎を切り取りましょう。地中で広がって離れた場所にも芽を出すので、増えすぎたら株を間引きます。

植え付け・植え替え／鉢植えの用土は、赤玉土七割に腐葉土を三割混ぜたものなどを用います。

肥料／春と秋に緩効性化成肥料か発酵固形油粕を少量施します。

病害虫／病害虫は少なく、丈夫な植物です。ただしアブラムシが発生することがあるので、薬剤で駆除します。日当たりと風通しをよくして、病害虫に強い株に育てましょう。庭植えでは、根にセンチュウが寄生することがあります。センチュウの可能性がある場所では、あらかじめ薬剤をまいておくといいでしょう。

増やし方／春か秋に株分けで増やします。あるいは春、五センチほどに切った根だけを植え付けておくと、芽を出して育って行きます（根伏せ）。根は寝かせて植え、上に一〜二センチほど土を掛けるか、少し頭が出るように立てて植え付けます。春の種まきも可能。

カレンダー

	1	2	3	4	5	6	7	8	9	10	11	12
置き場所	屋外の日当たり（1〜12月）											
水やり（鉢栽培）	用土が乾いたら十分に（1〜12月）											
剪定			増えすぎた株を間引く（3〜10月）									
植え付け・植え替え			○（3〜4月）						○（9〜10月）			
肥料			○（3〜4月）						○（9〜10月）			
病害虫	アブラムシ・センチュウ（1〜12月）											
増やし方			株分け・根伏せ・種まき（3〜4月）						株分け・根伏せ（9〜10月）			
開花・結実						開花（6〜7月）		結実・種を採る（8月）				

ブッダの悟りの木 インドボダイジュ

ブッダと呼ばれたゴータマ・シッダルタは
ムユウジュの下に生まれ
サラノキに包まれるように
生涯を終えたと伝えられます。
彼はまた、一本の樹木の懐に
抱かれるようにして悟りを得ています。
彼がその下で悟りを開いたのは
ボーディ・ドルマ
インドボダイジュという木でした。

紀元前五世紀のインドで、ひとりの修行者が一本の大きな木の下に場所を定め、幹を背に、東を向いて座りました。両の足裏が天を向くような形、すなわち結跏趺坐《けっかふざ》の姿勢で、「必ず悟りを開く」という決意をもって。修行者はシャカ族出身のゴータマ・シッダールタ、つまり釈尊《しゃくそん》（お釈迦さま）で、その決意通りに悟りを得、ブッダ（悟った人）となります。そして彼がその下に座った木は、「正しい悟りの智の木」を意味するボーディ・ドルマ（bodhi-druma＝菩提樹《ぼだいじゅ》）と呼ばれるようになりました。ここでご紹介するインドボダイジュこそがその菩提樹、ボーディ・ドルマです。

　インドボダイジュは、ガジュマルやインドゴムノキ、フィクス・ウンベラータなどと同じクワ科イチジク属の植物で、原産地では高さ二〇メートル以上に生長する高木です。この仲間の植物の種は、よくほかの木や石の上などで発芽して、やがてたくさんの根（気根）を伸ばして、下にあるものが何であろうと包み込んでしまいます。包み込んだものが木であれば枯らしてしまいますが、石はそのまま残るので、根元に石像や石の祠を抱いた状態で育つものもあります。

　葉は先端が尾のように長く伸びるスペード形で、先端を下向きにして垂れ下がります。この葉はわずかな風を受けてはためき、葉同士が打ち合わさっていつも音を立てていますが、これ

インドボダイジュ（印度菩提樹）
Ficus religiosa
分類／クワ科イチジク（フィクス）属
原産地／インドから東南アジアにかけて
タイプ／熱帯・亜熱帯植物

は精霊たちの奏でる音楽とも言われています。その絶え間のないはためきの音は、静かに座り続ける釈尊の耳にも届いていたことでしょう。

インドボダイジュは落葉期間の短い半落葉樹で、自生地では春に葉を落とし、ほどなく新しい葉を展開させます。春に落葉するという珍しい性質は人々の興味を引いたようで、三蔵法師として知られる六世紀の中国の僧・玄奘《げんじょう》も『大唐西域記《だいとうさいいきき》』に「毎年、釈尊の命日に葉はすべて落ちてしまうが、やがて元通りになる」と書き残しています。なお釈尊の命日は中国や日本では二月一五日（旧暦）、東南アジアなどではウェーサーカ月（四〜五月）の満月の日とされています。

インドボダイジュの花は、外側から見ることのできない場所にひっそりと咲きます。その構造を知るために、同じ仲間のイチジクの「実」を見てみましょう。イチジクの「実」のように見える部分は花嚢《かのう》（開花後は果嚢《かのう》）と呼ばれるもので、その内側にたくさんあるひとつひとつの小さな突起がそれぞれひとつずつの花に相当します。インドボダイジュも小さなイチジクのような花嚢を付け、その内側に無数の花を咲かせます。種は長さ一・五ミリほどの非常に小さいものです。

インドボダイジュの学名 *Ficus religiosa* の *religiosa*（レリギオサ）というのは「宗教的な」という意味のラテン語。仏教においても重要な意味を持っていることは冒頭に書いた通りです。さらにヒンドゥー教においてはブラフマー、シヴァと並ぶ最高神、ヴィシュヌから生じた聖なる木とされ、その妃である女神・ラクシュミーが宿ると言われています。

日本のお寺には昔からボダイジュという落葉樹がよく植えられていますが、これは中国原産のアオイ科（シナノキ科）の植物で、インドボダイジュとはまったく異なるものです。葉の形が少し似ているので、寒さに弱いインドボダイジュの代わりに植えられることになったのでしょう。

ただしインドボダイジュが寒さに弱いといっても、三℃程度の気温が保たれれば十分に越冬が可能です。真冬でも最低気温が零下に下がることが少ない地域では、屋外での冬越しも不可能ではないと思われます。事実、兵庫県の兵庫医科大学・西宮キャンパスに露地植えされたインドボダイジュは、三〇年以上生育を続けて大木に育っているそうです。

インドボダイジュ、釈尊がその下で生まれたとされるマメ科のムユウジュ、その花が舞い落ちる中で涅槃を迎えたとされるフタバガキ科のサラノキ（ツバキ科のナツツバキ=シャラとはまったく別の植物）、以上三種の木は「仏教三大聖樹」と呼ばれることがあります。釈尊は生涯を通じて樹木とともにあったとも言えるでしょう。

種類と入手法／園芸店で販売されますが、出回りはややまれです。斑入りの園芸品種もありますが、これはさらに珍しくて高価で、主に原種のみが出回ります。フィカス・ルンフィーというよく似た別種もありますが、葉の先端がインドボダイジュのように細長く伸びないので区別できます。

置き場所／鉢植えにして、気温の高い時期には屋外の日当たりのいい場所に置きます。ただし日陰に慣れた株にいきなり強い光を当てると、葉焼けを起こすので注意。まず屋外の明るい日陰に二週間くらい置き、慣らしてから日当たりのいい場所に移動します。冬は日当たりのいい室内に。冬の最低気温は三℃を保てば十分。春までに葉がほとんど落ちてしまうこともありますが、暖かくなれば新芽を出します。

水やり／用土が乾いたら、鉢底から流れ出すくらい十分に水を与えます。夏の間は雨に当てても問題ありません。冬、低温の場所では、水やりの頻度をやや控えめに。

剪定／伸びすぎたら行います。ほぼどこで切っても、切り口の下から新芽が伸びてきます。切り口から白い樹液を出すので、拭き取ります。

植え付け・植え替え／植え替えの用土は市販の「観葉植物の土」や、赤玉土七割に腐葉土を三割混ぜたものなどを用います。

肥料／生育する時期に肥料を継続して与えます。緩効性化成肥料の置き肥が使いやすいでしょう。

病害虫／日当たりと風通しのいい場所で病害虫に強い株に育てます。カイガラムシは歯ブラシなどでこすり落とし、アブラムシは薬剤で駆除します。

増やし方／茎を一〇～一五センチの長さに切り、下の方の葉を取り去ります。切り口から出る樹液をよく洗い流し、赤玉土などの無肥料で清潔な用土に挿します。

カレンダー

*1 3℃以上の日当たりのいい室内に置く。
*2 低温の場所では、やや控えめにする。

	1	2	3	4	5	6	7	8	9	10	11	12
置き場所		*1					屋外の日当たり				*1	
水やり		*2					用土が乾いたら十分に				*2	
剪定												
植え付け・植え替え												
肥料												
病害虫						アブラムシ・カイガラムシ						
増やし方						挿し木						
開花												

『銀河鉄道の夜』プリオシン海岸の化石のクルミ

宮沢覧二の童話
『銀河鉄道の夜』の銀河は
地上の北上川を映しているようです。
銀河のほとり、プリオシン海岸で
ジョバンニとカムパネルラの二人は
太古のクルミを拾います。
そして宮沢賢治は
北上川の川岸、イギリス海岸で
クルミの化石を発見しました。

「おや、変なものがあるよ。」カムパネルラが、不思議さうに立ちどまって、岩から黒い細長いさきの尖ったくるみの実のやうなものをひろひました。
「くるみの実だよ。そら、沢山ある。流れて来たんぢゃない。岩の中に入ってるんだ。」

『銀河鉄道の夜』宮沢賢治

「白鳥の停車場」で汽車を降りたジョバンニとカムパネルラの二人が、「プリオシン海岸」でクルミの実の化石を拾うシーンです。どうしてクルミが登場するのか不思議な気がしますが、じつは、ここには宮沢賢治（一八九六―一九三三）の実際の体験が反映されています。

岩手県花巻市には、賢治が「イギリス海岸」と名付けた場所があります。海から離れた所にあるので、もちろん本当の海岸ではありません。北上川が支流の猿ヶ石川と合流するあたりの西岸、川に沿って白っぽい泥岩の層が露出している一帯を指しています（ただし、現在では水位が下がった時にしか泥岩層を見ることはできません）。

日が強く照る時にはこの泥岩層は乾いて白く見え、イギリスあたりの白亜《はくあ》（柔らかい石灰岩）の海岸を思わせるとして、彼はここをイギリス海岸と呼んでいたのです。一九二一年から二

オニグルミ（鬼胡桃）
Juglans ailanthifolia

分類／クルミ科クルミ属
原産地／サハリンから日本にかけて（日本には北海道から九州にかけて分布）
タイプ／落葉樹
※写真は発芽したばかりのオニグルミ

六年まで、賢治は岩手県立花巻農学校で教職に就いていて、エッセイ風の作品『イギリス海岸』に生徒たちと一緒にここでクルミの実の化石を見付けたことを記しています。

賢治が見付けた化石はオオバタグルミという絶滅したクルミのものでした。そしてじつは、この化石を日本で初めて発見したのは宮沢賢治だったのです。一九二五年の夏、賢治の発見したクルミの化石を調べるため、古生物学者の早坂一郎博士がイギリス海岸を訪れています。この時、賢治は博士に地質図などの資料を提供し、化石産出の現場を案内しました。翌二六年に早坂博士が発表した化石クルミの論文には、賢治への感謝が記されています（この論文にはバタグルミの化石と書かれていますが、現在では絶滅種のオオバタグルミとされています）。『銀河鉄道の夜』には、生徒たちと化石を見付けた思い出が反映されているのでしょう。地上の北上川河畔にイギリス海岸があるように、銀河の川岸にプリオシン海岸を思い描いたのに違いありません。なおプリオシン（Pliocene）というのは、地質年代区分のひとつ「鮮新世《せいしんせい》」を意味しています。

＊

大昔に絶滅してしまったオオバタグルミに代わって、現在の北上川の河畔にはオニグルミが生育しています。オオバタグルミの生きた姿を見ることはかなわないので、ここでは賢治も見たに違いないオニグルミをご紹介しましょう。

オニグルミはサハリン、日本の北海道から九州にかけて分布し、川の近くなどによく生えています。高さ二五メートルほどに生長する落葉高木で、羽状複葉《うじょうふくよう》（鳥の羽根のように切れ込む葉）を付けます。開花は四月から五月で、枝の先端に雌花序《しかじょ》（雌花の集まり）を、その下の方に長く伸びる雄花序《ゆうかじょ》（雄花の集まり）を付けます。

いわゆる「クルミの実」は堅果《けんか》と呼ばれるもので、緑色の外皮に包まれています。堅果の殻を割ると出てくる、食用にする部分が本当の種子です。オニグルミをはじめ、クルミの実は水に浮き、川の流れに運ばれて遠く離れた場所で発芽します。またリスやネズミが遠くに運んで落ち葉の下などに隠し、忘れてしまうこともあります。これも分布を広げるのに役立っているのでしょう。

オニグルミの実は古くから食料として利用されてきました。おいしいクルミですが、実が小さくて殻が硬いのが難点。現在の国内での栽培はペルシャグルミとその変種のテウチグルミ（カシグルミ）、その両種の雑種のシナノグルミが主流です。

秋、新しいクルミの実を入手したら、土に埋めてみてください。春、硬い殻をきれいに割って発芽する様子にきっと感動をおぼえることでしょう。

種類と入手法／栽培するのに十分なスペースあり、実を収穫したいという場合は苗を購入しましょう。シナノグルミなどの優良品種の苗が、園芸店や通信販売などで入手可能です。雌雄同株ですが、雄花と雌花の開花時期が一致しないことが多いので、品種の異なる株を近くに植える必要があります。

置き場所／日当たりのいい場所に庭植えにするか、鉢植えにして同様の場所に置きます。収穫を目指すなら庭植えがいいでしょう。

種まき／収穫よりも発芽の様子を観察したいという場合は、市販のクルミの実をまいてみましょう。スーパーなどで秋に販売される食用のクルミを購入し、何も手を加えずにそのまま、秋のうちにまきます。小粒の赤玉土か、植え替え・植え付け用の用土を用いましょう。実の尖った方を下にしてまき、実が隠れるくらいに土を掛けます。鉢を屋外に置き、用土を乾かさないように管理すると、翌年の四、五月に発芽します。

水やり／鉢植えの場合、用土が乾いたら、鉢底から流れ出すくらい十分に水を与えます。もちろん、雨に当てても構いません。

剪定／落葉時に行います。庭植えで成木になってからは、密生した枝を間引くようにします。日当たり・風通しがよくなるように仕立てます。

植え付け・植え替え／秋か春に行います。鉢植えの用土は、赤玉土七割に腐葉土を三割混ぜたものなどを用います。

肥料／庭植えの場合は冬に有機配合肥料、鉢植えの場合は春・秋に緩効性化成肥料か発酵固形油粕を施します（開花した株には、開花後と収穫期にも肥料を施します）。

病害虫／枝枯病にかかった枝は切り取って処分し、ほかの枝への感染を防ぎます。葉に斑点が生じる炭疽病にかかった葉は取り除き、必要に応じて薬剤を散布。カイガラムシは歯ブラシなどでこすり落とします。

カレンダー

	1	2	3	4	5	6	7	8	9	10	11	12
置き場所	屋外の日当たり（1〜12月）											
水やり（鉢栽培）	用土が乾いたら十分に（1〜12月）											
剪定	●										●	●
植え付け・植え替え			●								●	●
肥料	庭植え	庭植え		鉢植え					鉢植え	鉢植え		
病害虫	枝枯病・炭疽病・カイガラムシ（1〜12月）											
増やし方									種まき	種まき	種まき	種まき
開花・結実					開花				結実・種を採る	結実・種を採る		

悲劇を伝える黒い花・クロユリ

クロユリは深い陰を持った花です。
悲劇の女性・早百合の怨念が宿り
佐々成政を破滅に導いた
不吉な花として語られています。
人であれ花であれ
添えられた言葉や物語によって
私たちの目に映る姿は変化します。
早百合の物語を知った後
クロユリの花は
どのように見えるでしょうか。

佐々成政《さっさなりまさ》（生年不明―一五八八）は織田信長に仕えて富山城主となり、後に賤ヶ岳《しずがたけ》の戦、小牧《こまき》・長久手《ながくて》の戦で羽柴秀吉と敵対した武将です。以下は、江戸時代に刊行された『絵本太閤記』という読本《よみほん》（小説）に書かれた物語です。

　佐々成政は側室のひとり、早百合に対して特に深い愛情を注ぎ、その懐妊が分かってからはことさら大切に接してきました。ほかの側室がこれをねたみ、「早百合は小姓の竹澤熊四郎と密通している。早百合のおなかにいるのはその子だ」と言いふらしました。噂は成政の耳にも入り、そしてある朝、成政は早百合の寝室に熊四郎の持ち物が落ちているのを見付けました。

　それはほかの側室が仕組んだことだったのかもしれません。しかし、怒った成政は熊四郎を切り殺します。そして早百合の首を切り落として木に吊り下げ、さらに早百合の一族一八人の首をことごとくはねさせたのでした。早百合は死の間際、「わが怨念はお前の子孫を殺しつくすだろう」と叫びました。

　成政ははじめ秀吉と敵対しましたが、「富山の役」により降伏。秀吉は彼を許したばかりでなく、肥後の国主に取り立てます。成政は、これは北政所《きたのまんどころ》（秀吉の正室・ねね）のとりなしのお陰であると考えました。彼は使いを走らせ、白山の千蛇ヶ池（石川県）に咲く珍しい花、クロユリを取り寄せ、お礼として北政所に献じました。北政所は喜び、淀殿（秀吉の側室・茶々）に

クロユリ（黒百合）

Fritillaria camschatcensis

分類／ユリ科バイモ属

原産地／中国東北部から北アメリカ西北部にかけて（日本には北海道から本州・中北部にかけて分布）

タイプ／秋植え球根植物

見せるために茶会を催しました。

茶会当日、北政所は銀の花入れにいけたクロユリを披露し、淀殿はその花をしきりにほめて帰っていきました。しかし本当のところ、淀殿はその茶会でクロユリが使われることを事前に聞き知っていたのです。そして淀殿はすでに、大急ぎで白山からクロユリを取って来るように腹心の者に命じていました。

その三日後、大阪城で野の花を飾る趣向の会が催されました。そこで淀殿は竹筒にツツジのようなありふれた花をいけ、その中に取り寄せたクロユリを押し入れて、無造作に回廊に放置しておいたのです。しかも、そのクロユリは北政所の花よりも色濃く、美しいものでした。これを見た北政所は、「さては成政、ありふれた花を珍しいものと偽ったのか」と疑います。

北政所もその周囲の者も成政を憎むようになり、そして成政が治める肥後で一揆が起こると、これ幸いと秀吉に成政の悪口を吹き込むのでした。これを受けた秀吉は、一揆の責任を負わせて成政に切腹を申し付けました。早百合の怨念のせいで成政はクロユリのことで命を落としたのだ、と人々は噂しました。

この話では、すべての物事が人の言葉や行為によって裏返ってしまいます。成政の早百合への思いは愛情から憎悪へと変わり、北政所のクロユリを見る目は冷め、成政の運命もまた暗転してしまいます。そして、この物語を読む私たちもまた、美しいクロユリに暗い陰を感じるようになります。しかし現代に生きる私たちは、この花に深い陰影があるからこそ、いっそう好ましく感じるのかもしれません。

＊

クロユリはフリチラリア属の植物です。分布は日本、中国、北アメリカなど。本州では高山植物で、白山山系以北に自生します。北海道では高山はもちろん、低地でも見ることができます。本州と北海道の高山に生えるものをミヤマクロユリ、北海道の低地のものをクロユリ（エゾクロユリ）と区別することもありますが、はっきりと見分けられないことも多いようです。

開花期は四～六月。花色は黒紫色ですが、濃淡の差があり、黄色花のキバナクロユリと呼ばれるものもあります。花のにおいは独特で、銀杏のにおいを強くしたような、と言えば想像していただけるでしょうか。雑巾のにおいと形容する人もいます。

クロユリには雄しべだけの花（一〇九ページ写真）を付ける株と、雄しべ・雌しべの両方が揃った花を付ける株の二種類があります。球根が小さい時には雄しべだけの花を、大きくなると両方揃った花を付けるように変化するのです。種を付けるのはエネルギーを消耗する仕事です。そこで、株が小さい時にはほかの花に花粉を送るだけにして、大きくなって体力が付くと雌しべのある花を生じ、実を結ぶようになるのでしょう。

種類と入手法／四～六月ごろ、つぼみ付きの株が園芸店で販売されます。秋ごろに球根が販売されることもあります。高山に生える系統（ミヤマクロユリ）は高温多湿に弱く、一般的な地域では栽培が困難ですが、普通に流通するのは比較的丈夫で育てやすい系統のものです。バイモやフリチラリア・インペリアリス、フリチラリア・メレアグリスなどは同じ属の別種です。

置き場所／庭植えか鉢植えとし、一年中屋外で育てます。春に葉を出し、夏には休眠する植物です。春には日当たりがよく、気温が上がるころには日照時間がやや短く、初夏に葉が枯れた後は涼しい日陰になる場所が最適です。環境によっては、季節に合わせて置き場所を変えられる鉢植えの方が栽培は簡単でしょう。

水やり／鉢植えの場合、用土が乾いたら、鉢底から流れ出すくらい十分に水を与えます。もちろん、雨に当てても構いません。葉のない時期にはやや乾燥ぎみに管理しますが、完全には乾かさないように注意します。

剪定／行いません。生育期間が短い植物なので、初夏に枯れるまでは葉を大切にしましょう。

植え付け・植え替え／つぼみ付きの株を入手した場合はそのまま栽培し、九～一〇月ごろまで待って植え替えます。秋に球根を入手した場合はすぐに植え付けましょう。球根はばらばらになりやすいので、丁寧に扱います。用土は市販の「山野草の土」、または赤玉土・鹿沼土・桐生砂を等量ずつ混ぜ合わせた用土などがいいでしょう。球根ひとつ分くらいの土を掛けます。

肥料／秋と春に緩効性化成肥料などを与えます。

病害虫／アブラムシが発生したら薬剤で駆除します。

増やし方／植え替え時に球根の鱗片をはがし、ばらばらに植え付けることで株を増やすことができます。

カレンダー　*1 日照時間がやや短い屋外に置く。

	1	2	3	4	5	6	7	8	9	10	11	12
置き場所	屋外の日陰		屋外の日当たり		*1		屋外の日陰					
水やり（鉢栽培）	用土が乾いたら十分に						やや控えめに		用土が乾いたら十分に			
剪定	行わない											
植え付け・植え替え									●	●		
肥料			●	●	●	●			●	●		
病害虫			アブラムシ									
増やし方									球根の鱗片を分ける			
開花				●	●	●						

弘法大師の石芋の正体 クワズイモ

クワズイモは姿形が面白い
サトイモのような観葉植物。
どんなインテリアとも合う
自然な雰囲気が愛されています。
食べられそうで食べられない
この不思議な「食わず芋」は
人々の興味を引いたのでしょう。
クワズイモの分布地・四国には
その誕生を語る伝説がありました。

——お婆さんが芋を洗ったり、煮たりしているところに旅の僧が来て、少し分けてほしいと頼みました。お婆さんは、「これは石芋と言って人の食べるものではない」と断ります。僧が立ち去った後、お婆さんが芋を食べようとすると、それは本当に石のように硬くなっていました。それ以来、その地には硬くて食べられない芋が生えるようになったということです。

これが日本各地に伝わる「石芋伝説」です。その内容はどれもほぼ同じで、多くの場合、旅の僧の正体は弘法大師とされています。なぜ各地に同じような伝説があるのでしょうか。

これらの伝説が残る地に、実際に不思議な芋が野生状態で生えていることがあります。農学博士・青葉高氏は、本州各地のこれらの「石芋」はエグイモ（あくが強いサトイモの栽培品種）に近いものと推定しています。普通のサトイモは五℃以下になると枯死しますが、エグイモの中には比較的寒さに強いものがあり、零下の気温に耐える例もあります。また本州の石芋伝説は温泉や湧水に近い土地に残されていることが多く、一年中安定した温度の水が供給される水辺で、石芋は枯れることなく越冬できると考えられます。

本州各地に残る伝説の石芋の正体は、おそらくその通りなのでしょう。しかし弘法大師・空海のふるさと、本家本元の四国に伝わる石芋の正体はどうでしょうか。幕末に生まれ、日本に

クワズイモ（食わず芋）

Alocasia odora

分類／サトイモ科クワズイモ属

原産地／インドから日本にかけて

（日本には四国以南に分布）

タイプ／熱帯・亜熱帯植物

おける植物病理学の開祖となった白井光太郎（一八六三―一九三二）という人がいます。その著書『植物妖異考』の中に「石芋」の項があり、伊予国（愛媛県）と土佐国（高知県）に弘法大師の石芋の伝説があることが紹介されています。そして、これはサトイモではなく、日本の南部に自生するクワズイモである、と解説が加えられています。

『植物妖異考』の高知県の例は、室戸市にある四国第二十四札所、室戸山明星院最御崎寺《ほつみさきじ》のことのようです。最御崎寺の境内には、「空海の七不思議」のひとつとして自生状態の「くわずいも」が現在まで残されています。そしてこの「くわずいも」はまぎれもなく、本当のクワズイモ、*Alocasia odra* です。そこで最御崎寺・長老の島田信雄氏にお話を伺ってみました。

島田氏によると一帯はクワズイモの自生地で、周辺の林中にも生育しているということです。クワズイモはシュウ酸カルシウムという物質を含んでいて食用にはできませんが、一方でかつて薬として用いられたことがあるそうです。「お大師様は決して食べられない芋を作ったわけではなく、人々の役に立つ薬を作り出したのです」というお話でした。

＊

クワズイモはサトイモ科アロカシア（*Alocasia*）属の植物です。ちょっと似ていますが、コロカシア（*Colocasia*）属のサトイモとは「属」が異なります。なお *Alocasia* という属名は、*Colocasia* に否定の「a」を付けたものです。

アロカシア属には六〇種以上の原種があり、アロカシア・アマゾニカという美しい葉の交配種も作り出されています。アロカシア属の植物は一般に寒さに弱いのですが、クワズイモとシマクワズイモだけは低温に強く、栽培が容易です。

クワズイモの自生地は日本の九州・四国・沖縄のほか、台湾・中国南部・インド東部など。イモのような茶色の茎を持ち、その上に大きな葉を広げます。自生地では人の背丈を越すほどに育ち、葉（葉身）の長さは八〇センチほどになります。クワズイモの花序は一一三ページの写真の通り、フードのような仏炎《ぶつえん》苞《ほう》に包まれています。

「クワズイモ」の名前はあまり厳密に使われていないようで、本当のクワズイモのほか、シマクワズイモとインドクワズイモがこの名前で販売されます。しかし、以下の点を知っていれば見分けることが可能です。シマクワズイモの葉は先端が細く尖り、あまり尖らないクワズイモとは異なります。インドクワズイモの葉柄が葉の縁の近くに付く（シャベルの柄のような付き方）のに対し、クワズイモの葉柄は葉の裏側に付く（傘の柄のような付き方）点が異なります。実物を見て特徴をおぼえると、見間違えることはまずないでしょう。

種類と入手法／園芸店などで一年を通して入手可能です。百円ショップで販売されるミニ観葉の「クワズイモ」は、ほぼすべてシマクワズイモ。「斑入りクワズイモ」として販売されるのは、ほとんどがインドクワズイモの斑入りの園芸品種です。

置き場所／鉢植えにして、気温の高い時期には屋外の明るい日陰、冬は室内に置き、レースのカーテン越しくらいの光に当たるようにします。強い日光に当てると（特にいきなり当てると）葉焼けを起こすので注意。クワズイモとシマクワズイモの場合、冬の最低気温は三℃くらいを保てば十分。インドクワズイモの越冬には高温が必要です。

水やり／用土が乾いたら、鉢底から流れ出すくらい十分に水を与えます。夏の間は雨に当てても問題ありません。冬、低温の場所では、水やりの頻度をやや控えめに。

剪定／普通は行わず、枯れた葉柄を切り取るだけにとどめます。ただし、伸びすぎた場合は茎をカットします（切った茎は挿し木が可能）。

植え付け・植え替え／植え替えの用土は市販の「観葉植物の土」や、赤玉土七割に腐葉土を三割混ぜたものなどを用います。

肥料／生育する時期に肥料を継続して与えます。緩効性化成肥料の置き肥が使いやすいでしょう。

病害虫／病害虫は少なく、基本的に丈夫な植物です。カイガラムシが発生したら歯ブラシで軽くこするか、布で拭き取るように落とします。

増やし方／茶色い茎の部分を一〇～二〇センチの長さに切り、先端の芽以外の葉は切り取ります。茎の切り口を数日乾燥させた後、赤玉土などの無肥料で清潔な用土に挿し、乾かさないように管理します。残った根元の部分からも、すぐに新芽を出します（切り口から水分を出しますが、数日で止まります。有毒なので触れた場合は洗い流しましょう）。

カレンダー

*1 3℃以上の明るい日陰の室内に置く。
*2 低温の場所では、やや控えめにする。
*3 枯れた葉は適宜取り除く。

	1	2	3	4	5	6	7	8	9	10	11	12
置き場所		*1					屋外の明るい日陰				*1	
水やり		*2					用土が乾いたら十分に				*2	
剪定							行わない *3					
植え付け・植え替え												
肥料												
病害虫							カイガラムシ					
増やし方							挿し木					
開花												

文豪ゲーテの植物 セイロンベンケイ

文豪ゲーテとセイロンベンケイ。
不思議な取り合わせのようですが
ゲーテはこの植物に一通りではない
興味を抱いていたようです。
一枚の葉から根と芽を出し、茎を伸ばして
やがて花を咲かせるセイロンベンケイは
「すべては葉である」というゲーテの言葉を
最もよく表す植物なのでしょう。

ヨハン・ヴォルフガング・フォン・ゲーテ（一七四九—一八三二）という名前を聞いてどんな肩書きを思い浮かべるでしょうか。シューベルトの作曲で有名な『野ばら』の詩を書いた詩人、『ファウスト』を書いた作家でしょうか。あるいは少し詳しい人なら、ヴァイマル公国（ドイツ中部に存在した国）の宰相としての顔をご存じかもしれません。しかしそれだけではなく、ゲーテは自然研究者としてもたくさんの業績を残しています。人体解剖を行って、それまでヒトにはないと考えられてきた「間顎骨《かんがくこつ》」という骨が存在することを発見したこと、光学の分野で独自の『色彩論』を著したことなど、その活躍は多彩です。

ゲーテは植物学の分野でも論文や断章をたくさん残していますが、その中で彼は「(植物の）すべては葉である」と書いています。植物の各部、根・雌しべ・雄しべ・花弁などはすべて、「葉の原型」のようなものが変形してできるというわけです。たとえばチューリップがたくさん植えられた花壇で注意深く探すと、なかば葉でなかば花弁、言葉を変えると葉から花弁に変化する途中のような不思議な器官を付けた花を見付けることがあります。またグリーンローズのように、花を構成するすべての器官が葉のように変化した変わりものもあります。このような例を見ると、「すべては葉」という言葉にうなずきたくなるのではないでしょうか。

セイロンベンケイ（セイロン弁慶）
Bryophyllum pinnatum（*Bryophyllum calycinum*）

分類／ベンケイソウ科ブリオフィルム属
原産地／不明（熱帯・亜熱帯に広く分布）
タイプ／多肉植物

さて、そのゲーテのお気に入りだったのが、ここでご紹介するセイロンベンケイです。この植物は繁殖力が強く、葉を切り取って置いておくとその縁から新芽と根を出します。芽がある程度伸びたところで土に植え付けると、独立した新しい株（クローン）になりどんどん茎を伸ばして新しい葉を広げ、やがて時期が来れば花を咲かせます。一枚の葉から根・茎・花のすべてを作り出す植物を、ゲーテは「すべては葉」という自説の生きた証と考えたのでしょうか。

ゲーテはこのセイロンベンケイの葉を、マリアンネ・フォン・ヴィレマー（かつて愛の詩を贈り合った既婚女性）へ贈っています。また、ゲーテの論文の中にセイロンベンケイの継続的な観察の結果が記されていることから判断すると、彼はこの植物を自分で栽培していたのでしょう。目を輝かせてこの植物の不思議な生態を観察するゲーテ、あるいは大切な女性にその葉をプレゼントするゲーテを想像すると、何かほほえましくもあります。

旺盛な繁殖力のために、セイロンベンケイはマダガスカルやアフリカをはじめ、世界各地の熱帯を中心に広く分布しています。日本でも沖縄や小笠原諸島などで、野原に雑草のように生育しているのを見ることがあります。やや多肉質の植物で乾燥にも強いのですが、このことから分かるように気温が高い場合は雨ざらしの環境でもよく育ちます（低温多湿には弱い）。

株が小さい時の葉には深い切れ込みはありませんが、生長するに従って三～五枚に分かれる葉を付けるようになります。太陽にしっかり当てて育てると高さ一メートル以上になり、大きく育ったものは冬に花穂を伸ばします。この花穂に風船のようにふくらんだ淡い緑色の萼《がく》をたくさん付け、春にはその萼の中からオレンジ色の花弁が伸びだすようにして開花します。

セイロンベンケイはたくさんの別名を持っています。「灯籠草」という園芸名は花を釣り灯籠に見立てたものでしょうか。雑葉から芽を出すため「ハカラメ」という名でも呼ばれます。雑貨屋さんなどでは切り取った葉が販売されることが多いのですが、その時の商品名は「マザーリーフ」が一般的でしょう。なお、ドイツではGoethe-Pflanze——ゲーテの植物——と呼ばれているそうです。

セイロンベンケイとよく似ている別種に、コダカラソウ（*Bryophyllum* 'Crenatodaigremontianum'）とコダカラベンケイ（*Bryophyllum daigremontianum*）という植物があり、時に混同されています。しかし、セイロンベンケイの葉は親株から切り離されて初めて子株を付けるのに対し、コダカラソウやコダカラベンケイの葉は親株に付いたままの状態で子株を付けるので区別することができます。

種類と入手法／マザーリーフ、ハカラメなどの名前で、一枚の葉を切り取ったものが販売されます。園芸店よりも雑貨屋さんや百円ショップで探した方が見付けやすいでしょう。この葉の縁につく子株を育てます（増やし方の項参照）。

置き場所／鉢植えにして、気温の高い時期には屋外の日当たりのいい場所に置きます。ただし日陰に慣れた株にいきなり強い光を当てると、葉焼けを起こすので注意。まず屋外の明るい日陰に二週間くらい置き、慣らしてから日当たりのいい場所に移動します。冬は日当たりのいい室内に置き、三℃以上を保ちます。

水やり／春～秋には用土が乾いたら、鉢底から流れ出すくらい十分に水を与えます。夏の間は多少の雨に当てても問題ありません。冬、低温の場所で越冬させる場合はほとんど水を与えないか、月に一～二回だけ軽く与えるようにします。

剪定／普通は行いません。

植え付け・植え替え／植え替えの用土は市販の「観葉植物の土」や、赤玉土七割に腐葉土を三割混ぜたものなどを用います。多肉植物ではありますが、やや水もちのいい用土の方がよく育ちます。

肥料／生育する時期に肥料を継続して与えます。緩効性化成肥料の置き肥が使いやすいでしょう。

病害虫／日当たりと風通しのいい場所で病害虫に強い株に育てます。カイガラムシは歯ブラシなどでこすり落とし、アブラムシは薬剤で駆除。

増やし方／開花した株は枯れてしまうので、その前に葉挿しで株を増やしておきます。切り取った葉を用土の上に置いておくだけで発根します。その際、葉の縁が用土に密着するように注意。葉の周辺に軽く用土を掛けておいてもいいでしょう。日当たりのいい場所で葉挿しした方が丈夫な株に育ちます。子株が出てきたら、元の葉が枯れるまでは切り離さずにそのまま育てます。

カレンダー

*1 3℃以上の日当たりのいい室内に置く。
*2 低温の場所では、極度に控える。

	1	2	3	4	5	6	7	8	9	10	11	12
置き場所	*1	→	→	→	屋外の日当たり	→	→	→	→	→	*1	→
水やり	*2	→	→	→	用土が乾いたら十分に	→	→	→	→	→	*2	→
剪定	行わない	→	→	→	→	→	→	→	→	→	→	→
植え付け・植え替え					→	→	→					
肥料					→	→	→	→	→			
病害虫	カイガラムシ・アブラムシ	→	→	→	→	→	→	→	→	→	→	→
増やし方			葉挿し（可能）	→	葉挿し（最適期）	→	→	葉挿し（可能）	→	→	→	
開花	→	→	→									

シーボルトが持ち帰ったツバキ〝正義〟

第二次大戦後、八重咲き・大輪・斑入りの華やかなツバキが日本に輸入されました。ヨーロッパで〝ドンケラリー〟と呼ばれてきた品種です。
ところが、それとそっくりなツバキが福岡県久留米市にあることが分かりました。〝ドンケラリー〟はシーボルトが長崎から持ち帰ったツバキだったのです。

一八二八年一二月、長崎のオランダ商館付きのドイツ人医師が、長崎奉行所により取り調べを受けるという事件が起こりました。医師の名はフィリップ・フランツ・フォン・シーボルト（一七九六―一八六六）。取り調べの結果、所持品の中から禁制品の日本地図が見付かり、シーボルトは出島の自宅に軟禁され、処分の決定を待つことになりました。*

やがてシーボルトは、日本で集めた膨大なコレクションをオランダ船コルネリス・ハウトマン号に積み込んで送り出すことを決意しました。一八二九年二月、ハウトマン号は奉行所の厳重な監視の下に出航しました。このころ、シーボルトは自分のために捕らえられた友人や門人を救うため、日本に帰化して将軍のしもべとなって働くことを申し出ています。シーボルトはどんな思いでハウトマン号を見送ったのでしょうか。なお、この荷物は六月に無事オランダに到着しています。

ハウトマン号には、テッポウユリ、オオバギボウシなどのギボウシ類、テッセンなど園芸上重要な植物が積み込まれていました。また、ヤブツバキの原種やいくつかの園芸品種もあり、その中のひとつに紅地に白斑入り、八重咲き大輪のあでやかな花を咲かせるものがありました。後にオランダの園芸家、アンドレアス・ドンケラールの名をとって〝ドンケラリー（Donkelarii）〟と呼ばれることになるツバキです。

ツバキ'マサヨシ'（椿"正義"）
Camellia japonica 'Masayoshi'
分類／ツバキ科ツバキ属
原産地／日本産のツバキ（ヤブツバキ）の
園芸品種群
タイプ／常緑樹

その年の一〇月になって、シーボルトの処分が決定しました。日本御構《にほんおかまい》（日本退去・再入国禁止）です。シーボルトは妻の滝と幼い娘の稲を日本に残し、翌一八三〇年の一月、オランダ船ジャワ号で長崎を去りました。なお、シーボルトはこの時にも多数の植物を持ち帰っていて、その中には日本で〝蝦夷錦〟と呼ばれているツバキもありました。一八三〇年七月、ジャワ号はアントワープ（ベルギーの都市）に無事到着しています。

当時のベルギーはオランダ（ネーデルラント王国）の一部になっていましたが、オランダの利益が優先され、ベルギーの人々の間には不満が広がっていました。一八三〇年七月に起きたフランスの七月革命に触発され、同年八月にはブリュッセルでベルギー人による反乱が勃発します。反乱は各地に波及し、やがてネーデルランド王国からの独立を求める戦争へと発展して行きました。シーボルトを乗せたジャワ号が到着したのは、まさにその独立戦争直前のアントワープだったのです。

さて、ツバキの〝ドンケラリー〟は一八三二年に初めての花を咲かせたようです。ヨーロッパの人々の好みに合っていたのでしょう、人気を呼んで接ぎ木や挿し木で増やされ、やがてヨーロッパ各地に広まっていきました。ツバキには欧米で作出されたものだけでも四〜五〇〇〇の品種があるとされますが、その中にあって〝ドンケラリー〟は現在でも価値の高い品種のひとつとされています。また、〝ビルドナント〟〝レディケイ〟〝ドネーション〟など〝ドンケラリー〟を元に作り出された品種も多く、育種においても重要な役割を果たしています。

日本に〝ドンケラリー〟が輸入された（というか里帰りをした）のは第二次大戦後のことです。やがて、これとよく似た品種が日本にあることが明らかになりました。それが〝正義〟です。〝正義〟は福岡県久留米市に多い園芸品種で、市内には樹齢約三〇〇年と推定される古木が残っています。比較検討した結果、〝ドンケラリー〟と〝正義〟は同一のものと判断されました。シーボルト自身、あるいは友人・門人が久留米かその周辺で〝正義〟を見付け、コレクションに加えたのでしょう。

ちょうどシーボルト自身がそうであるように、〝正義〟＝〝ドンケラリー〟は日本とヨーロッパの双方に影響を与え、双方をつなぐシンボルとして親しまれています。

＊従来、座礁したハウトマン号から地図が見付かったことが事件発覚のきっかけとされてきましたが、実際には座礁時に積荷はほとんどありませんでした。あらかじめ得ていた情報をもとに、長崎奉行所がシーボルトの取り調べを行ったというのが真相のようです（梶輝行「蘭船コルネリス・ハウトマン号とシーボルト事件」『鳴滝紀要六号』シーボルト記念館）。

種類と入手法／'正義'は入手しやすいツバキです。花弁の縁がぎざぎざに切れ込む、枝変わりの'ビルドナント'もよく販売されています。いずれも一一～三月くらいに、園芸店などで入手できます。

置き場所／屋外の日当たりのいい場所～明るい日陰の場所に庭植えにするか、鉢植えにして同様の場所に置きます。冬に暖房の効いた室内に置くとつぼみを落とします。北海道北部などでは冬季、暖房のない、日当たりのいい室内に置きます。

水やり／用土が乾いたら、鉢底から流れ出すくらい十分に水を与えます。五～六月、軽くしおれるくらいに水を控えると、花付きがよくなります。

剪定／必要な場合は開花後に行います。花芽ができる六月以降は樹形を整える程度にとどめます。

植え付け・植え替え／最適期は梅雨のころですが、春と秋も可能。鉢植えには、赤玉土・鹿沼土・日向土などのうちの数種を混ぜた用土を用います。鹿沼土と日向土を一対一で混ぜたものが一般的。アルカリ性を嫌うので石灰は禁物です。

肥料／庭植えの場合は冬に有機配合肥料、鉢植えの場合は春に緩効性化成肥料か発酵固形油粕を施します。

病害虫／いちばん嫌われる害虫はチャドクガ。春と夏の発生時期によく観察し、発生した場合は市販の薬剤で駆除します。

増やし方／梅雨のころに挿し木を行って増やします。枝を長さ一〇センチほどに切り、葉を二～三枚付けて赤玉土や鹿沼土などに挿します。花後に種ができたらまいてみましょう。種から生まれた株は'正義'とは違う品種になりますが、観賞価値の高い花を咲かせる可能性も決して低くはありません。種は乾燥に弱いので、採ったらすぐに赤玉土などにまき、二センチほど覆土して水やりを続けます。暖かい場所なら秋～冬に、普通は翌春に発芽します。

カレンダー　　*1 寒冷地では、8～9月に行う。

	1	2	3	4	5	6	7	8	9	10	11	12
置き場所	→	→	→	→	→	屋外の日当たり～明るい日陰	→	→	→	→	→	→
水やり（鉢栽培）	→	→	→	→	→	→	用土が乾いたら十分に	→	→	→	→	→
剪定			→	→								
植え付け・植え替え			→	→		最適期	→		*1	→		
肥料	庭植え	→	鉢植え	→					鉢植え			
病害虫				チャドクガ			チャドクガ					
増やし方						挿し木	→		→	種まき	→	→
開花・結実			開花	→					結実・種を採る	→		

『星の王子さま』の奇妙な木・バオバブ

『星の王子さま』には、作者自身による印象的な挿絵がたくさん掲載されています。象を飲み込んだ大蛇の絵や小さな星の上に積み重ねられた象の絵。ラストシーンで砂漠の上に輝く星の絵。中でもいちばん丁寧に描かれているのが三本のバオバブに乗っ取られ今にも破裂しそうになった星の絵です。

サン＝テグジュペリ（一九〇〇―四四年。フランスの作家・飛行家）の『星の王子さま』には、バオバブはとても危険な木として描かれています。王子の住む小さな星の上で、バオバブは時折、発芽します。芽を抜き取るのは簡単ですが、ちょっとでも時間が経つと手遅れになり、もう絶対に抜けなくなってしまいます。バオバブはやがて星を覆いつくし、その根は星に穴を開けて破裂させてしまうのです。「バオバブだけはすぐに抜かなくてはいけない」と王子は言います。

『星の王子さま』が初めて出版されたのは、第二次世界大戦のさなか、一九四三年のことです。サン＝テグジュペリは偵察機のパイロットとして従軍しましたが、ナチスドイツの侵攻後、フランスを脱出してアメリカに亡命していました。そのアメリカで執筆・出版したのが、この『星の王子さま』です。

『星の王子さま』で、王子は自分の星に生えたわがままなバラの言葉に傷付き、彼女――バラを残して旅に出ます。いくつもの星を巡った後に地球を訪れ、自分とバラがお互いに大切な存在であったことに気付きます。その心ない言葉とは裏腹に、バラが芳香と明るい光で王子を包んでくれたことを思い出すのです。四つの小さなとげ以外、自分を守るすべのないバラ。彼女に対する責任を果たすため、王子はある方法で自分の星に帰ることを決意します。

バオバブ（baobab）
Adansonia digitata
分類／アオイ科（パンヤ科）
アダンソニア属
原産地／アフリカ大陸中部
タイプ／熱帯・亜熱帯植物

『星の王子さま』が出版された年、サン＝テグジュペリは志願して再び従軍。翌年、彼が操縦する飛行機はフランス本土偵察のためにコルシカ島を飛び立った後、消息を絶ちました。ドイツ軍機により、地中海上で撃墜されたことが判明しています。

作品に登場する王子と、作者サン＝テグジュペリの行動はぴったりと重なって見えないでしょうか。『星の王子さまの世界読みくらべへの招待』（塚崎幹夫著・中央公論社）などで指摘されてきたように、『星の王子さま』に登場するバオバブは、ナチスドイツに代表されるファシズムの象徴であり、そして王子が帰るべき星とはサン＝テグジュペリが戻るべき故国を表しているのかもしれません。

＊

バオバブ（アフリカンバオバブ）はアフリカ中部に自生する植物です。乾燥地やサバナにぽつりぽつりと生える巨木で、高さ一五メートル以上に生長します。特徴的なのは、何と言ってもその樹形でしょう。幹が非常に太く、上の方に太くずんぐりとした枝を付け、その末端には細かい枝を密に茂らせます。バオバブは乾季になると葉をすべて落としてしまいますが、その姿は空に向かって根を広げているようにも見えます。「上下を逆さまに植えられた木」と言われるゆえんです。

幹の内部の組織は柔らかくて粗く、その細かい隙間に水をたくさんため込んでいます。その代わり樹皮が厚くて丈夫で、これが巨大な体を支えています。バルサのように軽い材は「浮き」などの、丈夫な樹皮はロープの材料として用いられています。

バオバブの葉は掌のように分かれる掌状複葉《しょうじょうふくよう》（幼樹では分かれない単葉を付けます）。この葉は薬用などに利用されます。花は白色で垂れ下がって咲き、コウモリなどによって受粉が行われます。花後にできる果実は硬い殻を持ち、一〇～四〇センチほどの長さになります。果実の中には、粉を固めたような白い種衣《しゅい》に包まれた勾玉形《まがたまがた》の種が入っています。この種衣には甘みと酸味があり、そのまま食べてもなかなかおいしいものです。現地では水で溶いて清涼飲料にも利用されています。

バオバブ属には約一〇種があり、広大なアフリカ大陸にはアフリカンバオバブ一種が自生するのみですが、小さな（とは言っても日本の一・六倍ほどの面積を持つ島国ですが）マダガスカルには八～九種が分布しています。興味深いことに、遠く離れたオーストラリアに自生する種もあります。

バオバブという奇妙な名前は「果実が多い」という意味のアラビア語、bu hibに由来するとも言われます。たくさんの果実を付けるとしても、現実のバオバブは、『星の王子さま』に描かれたような異常な繁殖力を持つ樹木ではありません。開発などの要因により、むしろその数の減少が危ぶまれています。

種類と入手法／ここではアフリカンバオバブの育て方をご紹介します。園芸店で苗が販売されることもありますが、これはきわめてまれ。通信販売なら、苗や種を確実に入手できるでしょう。

置き場所／鉢植えにして、気温の高い時期には屋外の日当たりのいい場所に置きます。冬は室内で、最低気温五℃くらいを保って越冬させます。

種まき／耐熱容器に種を入れ、沸騰した湯を注ぎ、（冷めるにまかせて）二四時間後に取り出してきます。種が水を吸ってふくらんでいれば成功。途中でいったん取り出し、種のまわりの薄い皮を軽くこすって落とすとよく吸水します。熱湯を使わず、やすりで種の皮を削る方法もありますが、子葉を傷付けると腐りやすいようです。小粒の赤玉土などにまき、一センチくらい土を掛けておくと、早くて数日で発芽します。

水やり／春～秋、葉のある間は用土が乾いたら、鉢底から流れ出すくらい十分に水を与えます。秋からは水やりを少しずつ減らして行きます（この間にすべて落葉します）。冬はほとんど水を与えないか、月に一～二回だけ軽く与えます。最低気温が低い場合はほとんど中止、高い場合は軽く水やりを。最低気温が高く、落葉しない場合は通常通りの水やりで構いません（この場合は日照も確保します）。春は新芽が伸びるのを確認して、少しずつ水やりを増やしていきます。

剪定／伸びすぎた場合に行います。

植え付け・植え替え／植え替えの用土は市販の「観葉植物の土」や、赤玉土七割に腐葉土を三割混ぜたものなどを用います。

肥料／生育する時期に肥料を継続して与えます。緩効性化成肥料の置き肥が使いやすいでしょう。

病害虫／アブラムシは薬剤で、ハマキムシ（巻き込んだ葉の中に住み着くイモムシ）は捕まえて駆除します。

カレンダー

*1 4月からは徐々に増やしていき、10月からは徐々に減らしていく。

	1	2	3	4	5	6	7	8	9	10	11	12
置き場所	5℃以上の室内	→	→	→	屋外の日当たり	→	→	→	→	5℃以上の室内	→	→
水やり	極度に控える	→	→	*1	用土が乾いたら十分に	→	→	→	→	*1	→	→
剪定					●	→	→					
植え付け・植え替え					●	→	→					
肥料					●	→	→	→	→			
病害虫						アブラムシ・ハマキムシ	→	→	→			
増やし方						種まき	→					

Column 3

四つ葉のクローバーとテントウムシ

ヨーロッパ製のブレスレットやキーホルダーなどに、ラッキーアイテムをかたどったチャーム（飾り）をたくさん付けたものがあります。チャームの形は四つ葉のクローバー、テントウムシ、蹄鉄、煙突掃除人など。いずれも幸運をもたらすとされる生物・物・人ばかりで、縁起物を集めた「宝づくし」といったところでしょうか。

四つ葉のクローバーについては五六ページでご紹介していますが、そのほかについてはちょっと説明が必要でしょう。まずテントウムシは英語でレディバード（ladybird）と呼ばれますが、このレディとは聖母マリアのこと。飛

蹄鉄はお守りとして、多くの場合U字形に、開いた方を上に向けて戸口の上などに取り付けられます

んできて体にとまったら幸運が訪れるとされ、大切に扱われました。蹄鉄も幸運を招くと信じられましたが、その力は鉄、あるいはウマ、さもなければ形が似た月に由来すると言われます。煙突掃除人が幸運を呼ぶとされた理由は、人々に快適な環境をもたらすからとも、あるいは掃除代金の請求書と一緒に祝福の言葉が書かれた紙を渡したからとも言われます。

下の写真は、我が家の庭に飛んできたテントウムシを、たまたまきれいに開いていた四つ葉のクローバーの上にそっと乗せて撮影したものです。やや風の強い日で、かなり苦労しましたが、なんとか一枚だけ撮影することができました。もっときれいに撮りたいとチャンスを待っているのですが、よほどの幸運に恵まれなければ撮影の機会は訪れないようです。

四つ葉のクローバーとテントウムシの組み合わせは様式化され、幸運をイメージしたイラストなどによく描かれます

第四章

人と生きる植物たち

信仰の対象とされた美しい樹木・オーク

オークは華やかな花を咲かせるわけでも
甘い実を付けるわけでもありません。
しかし、ヨーロッパにおいては
宗教的にも、実用的にも
重要な樹木とされてきました。
もしオークが存在しなかったら
少なくともヨーロッパの歴史は
違う経過をたどっていたかもしれません。

オーク（コナラ属の植物の総称）は利用価値の高い樹木で、まず有史以前の世界各地でそのドングリが食糧とされたようです。時代が下ってドングリが直接食べられなくなっても、ブタの餌として用いられ、間接的に多くの人々を養ってきました。オークは建材としても古くから使われてきました。オーク材は堅牢で、生木の時に「くさび」を打ち込んで割ることによって、きれいな板材や角材に分割することが容易だったからです。

さらにオークから作られた炭によって、人間は青銅や鉄を精錬する手段を得ました。強力な道具や武器を作り出せるようになったのです。金属製の道具を使ってさらに込み入ったものを作り出せるようになり、人類の技術は飛躍的に進歩しました。

二〇世紀初頭に鉄鋼製の軍艦が登場するまで、古くは北欧のバイキングのロングシップの時代から、オークは最も重要な造船の材料でした。質のいいオーク材なくしては、イギリスが「七つの海」を支配することもなかったかもしれません。

このようにオークはきわめて有用な木ですが、そればかりでなくヨーロッパでは信仰の対象ともされてきました。オークは大きく生長するために、落雷に遭う確率が高かったようです。古代ヨーロッパにおいては雷は神が放つものとされ、それを受けるオークの木が神聖視されたのです。奇妙なことに逆に雷が落ちづらい木と考える人もあり、落雷を避けるためにオークに

イギリスナラ（イギリス楢）

Quercus robur

分類／ブナ科コナラ属

原産地／ヨーロッパから北アフリカにかけて

タイプ／落葉樹

身を寄せることを勧める迷信もあったようです。またオークのドングリも雷を遠ざける効き目を持つと考えられ、昔のブラインドの引き紐にはそれをかたどった飾りが付けられました。

オークはギリシアのゼウス、ローマのユピテル、北欧のトール、そしてアイルランドのダグダ（神々の父）などの神々の木とされてきました。オークの木が宗教的に重要だったことは、「ドルイド」という言葉にも表れています。ドルイドというのは古代ヨーロッパのケルトの祭司のことですが、この名前はもともと古代ケルト語で「オークを知っている」ことを意味するとも言われています（ドルイドという名前はオークとは無関係という説もありますが、ドルイドがオークを特に神聖視したことに間違いはありません）。

古代においては、オークをむやみに傷付ける者は厳しく罰せられました。時代が下ってもその記憶が残っていたのでしょうか、オークを切り倒すと叫び声を上げるとか、神罰が下るとされました。イングランドに生まれたボニファティウス（六八〇―七五四）は、現在のドイツのヘッセンでキリスト教の伝道を行う際、神木のオークを切り倒し、何も起こらないことを証明したと伝えられています。

＊

冒頭に書いたようにオークというのはコナラ属の樹木の総称。ただしコナラ属は、主に落葉樹のコナラの仲間と常緑樹のカシの仲間に分けられ、単にオークという場合、本来は前者を指します。つまりオークとは、カシではなくコナラの仲間のことなのです。日本では以前、ヨーロッパのオークがカシと訳されたこともありましたが、これはナラと訳すべきものでしょう。なお日本産のオークとして有名なのがミズナラで、その材は世界一優秀とも言われます。

ヨーロッパ産のオークの代表種はイギリスナラ（オウシュウナラ）です。これは高さ二五メートルほどに育つ落葉高木で、ヨーロッパから北アフリカにかけて分布しています。葉は同じコナラ属のカシワの葉（柏餅に使われる葉）と少し似ていますが、イギリスナラの葉の方がずっとスリム。斑入り葉のもの、銅葉のもの、新葉が鮮やかな黄緑色になるものなど、変種や園芸品種も栽培されています。

イギリスナラの開花は五月ごろで、ひとつの木に雄花序《ゆうかじょ》と雌《し》花序《かじょ》を付けます。花はあまり華やかではありませんが、紐のように垂れ下がる雄花序はよく目立ちます。果実はいわゆるドングリですが、長い柄の先に付くのが特徴です。

コナラ属の学名、*Quercus*（クエルクス）は古代ケルト語の quer（美しい）cuez（樹木）に由来すると言われます。この仲間の樹木に対する、人々の思いが伝わってくるような命名です。

種類と入手法／イギリスナラの原種のほか、新しい葉が鮮やかなライム色になる'コンコルディア'、枝をあまり広げない直立性の'ファスティギアタ'などがよく流通しています。現在のところ園芸品種はやや高価。いずれも園芸店で販売されることもありますが、流通量はあまり多くはありません。通信販売なら確実に入手できるでしょう。ピンオーク（アメリカガシワ）などのアメリカ産のオーク、ミズナラなどの日本産のオークも販売されます。

置き場所／日当たりのいい場所に庭植えにするか、鉢植えにして同様の場所に置きます。

水やり／鉢植えの場合、用土が乾いたら、鉢底から流れ出すくらい十分に水を与えます。もちろん、雨に当てても構いません。

剪定／落葉期に不要な枝を間引き、夏に伸びすぎた枝の先を剪定します。根元からひこばえを出すので、不要な場合は早めに切り取りましょう。

植え付け・植え替え／落葉時（厳冬期以外）に行います。鉢植えの用土は、赤玉土七割に腐葉土を三割混ぜたものなどを用います。

肥料／庭植えの場合は冬に有機配合肥料、鉢植えの場合は春・秋に緩効性化成肥料か発酵固形油粕を施します。

病害虫／病害虫は比較的少なく育てやすい植物ですが、テッポウムシ（カミキリムシの幼虫）が付くことがあります。根元に木屑が落ちていたらテッポウムシがいるサイン。幹に穴を開けてその奥に潜んでいるので、薬剤を注入して駆除します。

増やし方／ドングリをまいて増やします。秋にドングリを採ったらすぐにまき、二〜三センチほど土を掛けます。その後は鉢を屋外に置き、乾かさないように水やりを続ければ春に発芽します。園芸品種の場合、種から生まれた子は違ったものになるので、同じものを増やしたい場合は接ぎ木を行うのが一般的です。

カレンダー

	1	2	3	4	5	6	7	8	9	10	11	12
置き場所	屋外の日当たり（1〜12月）											
水やり（鉢栽培）	用土が乾いたら十分に（1〜12月）											
剪定	●	●				●	●				●	●
植え付け・植え替え		●	●								●	●
肥料	庭植え	庭植え	鉢植え	鉢植え					鉢植え	鉢植え		
病害虫	テッポウムシ（1〜12月）											
増やし方										種まき	種まき	
開花・結実				開花	開花					結実・種を採る	結実・種を採る	

六五〇〇万年の恐竜の不在 イチョウ

多くの植物の種は、風や水の力を利用して遠くへ移動する能力を持っています。おいしそうな果実を付け、鳥に託して種を遠くまで運んでもらう植物もあります。そんな中にあって、悪臭を放つイチョウの種は動物に運ばれることを「拒否」しているのでしょうか。それとも、私たちの知らない何かの出現を「期待」しているのでしょうか。

庭の片隅に、あるいはベランダに置いたプランターから、植えたおぼえのないさまざまな植物が芽を出すのをご覧になったことはないでしょうか。これらは鳥が運んだ種から発芽したものかもしれません。

　鳥にしてみればおいしそうな実を食べているだけですが、飲み込まれた種は離れた場所で排泄されて発芽します。鳥の行動によって、植物は結果的に生育範囲を広げているのです。生物は狭い範囲に固まっていると時に全体が壊滅的なダメージを受けることもありますが、生育範囲を広げると違う環境で生き残る可能性があるので、有利になります。あえて擬人化するなら、植物は鳥によって運ばれることを「期待して」、鳥にとっておいしい実を付けるとも言えるでしょう。

　それではイチョウはどうでしょうか。「銀杏《ぎんなん》」を包む果肉のような部分（外種皮《がいしゅひ》）は水分をたっぷり含んでいます。見た目だけで判断するなら、いかにもおいしそうです。ところがご存じのように強烈な悪臭があり、これを食べる動物はネズミやタヌキ、アライグマなどごくごく少数のようです。餌が少ない時期にヒヨドリなどがつつくこともあるようですが、鳥が丸のみにして運ぶにはちょっと大きすぎるかもしれません。おいしそうなにおいをさせればたくさんの動物に確実に種を運んでもらえるのに、わざわざ悪臭を発生させて種が運ばれるのを拒んで

イチョウ（鴨脚樹・銀杏・公孫樹）

Ginkgo biloba

分類／イチョウ科イチョウ属
原産地／中国
タイプ／落葉樹
※写真は発芽したばかりのイチョウ

いるように見えるのは不思議ではないでしょうか。

もしかしたらイチョウは、現在の地球には存在しない動物、つまり恐竜に種を運んでもらっていたのかもしれません。現在のイチョウの仲間（イチョウ属の植物）が誕生したのは恐竜が栄えた白亜紀（約一億四四〇〇万年〜約六五〇〇万年前）のこと。イチョウは恐竜とともに進化したと考えても、決して不自然ではありません。ひょっとするとあの悪臭は、恐竜にとっては食欲をそそる、おいしそうなにおいだったのでしょうか。イチョウは恐竜に種を食べられ、遠い場所で排泄されて発芽し、分布を広げて行ったと想像することは可能です。

しかし約六五〇〇万年前に、恐竜は突如絶滅してしまいます。ぽつんと取り残されたイチョウは、恐竜という「相棒」がいなくなった後も延々とそのための餌を準備し続けている、というわけです。六五〇〇万年間の恐竜の不在を思う時、気が遠くなるような寂しさをおぼえるのですが、それではイチョウを擬人化することになってしまうでしょうか。

かつてイチョウの仲間にはたくさんの種類があったようですが、ただ一種のみが現在まで生き残っています。野生状態のものは中国浙江省《せっこうしょう》などにわずかに残っているだけですが、その代わりよく栽培されていて、日本へは古い時代に渡来しています。ヨーロッパへは日本に滞在したドイツ人ケンペル（一六五一―一七一六）によって紹介され、以降、世界各地の温帯地域に植栽されるようになりました。

日本各地に樹高三〇メートル・幹の円周一〇メートルを超す巨木が存在します。イチョウには雄木と雌木があり、銀杏を付けるのはもちろん雌木の方。よくご存じのように葉は長い葉柄を持った扇形で、先端がふたつに分かれることもあります。

イチョウの中国名は「鴨脚樹」「公孫樹」「銀杏」。「公孫樹」というのは、「公（夫の父）が植え、孫の代になってはじめて実がなる」ことを意味するとも、あるいは中国の伝説上の帝王・黄帝（公孫）にちなむとも言われます。なお和名のイチョウは、「鴨脚樹」の鴨脚《ヤーチャオ》に由来するようです。

学名は *Ginkgo biloba*。属名の *Ginkgo* は「銀杏」の音読みで、*Ginkyo* とすべきところを間違って記したものでしょうか。*biloba* は「二裂片」という意味で、葉の形を表しています。このことをふまえ、ゲーテは『西東詩集』の中のマリアンネ・フォン・ヴィレマー（一一八ページ参照）との相聞歌《そうもんか》を収めた「ズライカの巻」にイチョウの詩を書いています。最後にその一部を引用してみましょう。

――これは一枚の葉がさかれて／二枚になったのだろうか。／それとも、二枚がたがいに結ばれて一枚の葉になったのだろうか。（大山定一訳『ゲーテ詩集』新潮社より引用）。

種類と入手法／イチョウには雄木と雌木の区別があり、また種から育てると収穫までには非常に時間が掛かります。十分なスペースあり、銀杏を収穫したいという場合は園芸店などで苗を購入しましょう。〝藤九郎〟〝久寿〟などの優良な園芸品種があります。雄木の花粉は遠くまで飛ぶので、雌木だけ植えても実を結ぶことが多いようです。斑入り品、葉が筒状になるラッパイチョウなどの変異品もあり、まれに販売されることがあります。

置き場所／日当たりのいい場所に庭植えにするか、鉢植えにして同様の場所に置きます。盆栽なら、ベランダでも栽培が可能です。

種まき／観賞用なら、銀杏を発芽させて育ててみましょう。秋に、スーパーなどで販売される食用の銀杏を購入し、すぐにまきます。小粒の赤玉土などを用い、一センチほど土を掛けます。鉢を屋外に置き、用土を乾かさないように管理すると、翌年の五月なかばくらいに発芽します。

水やり／鉢植えの場合、用土が乾いたら、鉢底から流れ出すくらい十分に水を与えます。もちろん、雨に当てても構いません。

剪定／観賞用に栽培する場合は剪定で丈を抑えましょう。春、新芽を伸ばす前か、一一月くらいが最適期です。庭植えの場合も、毎年剪定を行って目的の高さに抑える必要があります。

植え付け・植え替え／春に行います。種から発芽させた翌年の春は、苗を掘り上げて直根を切って植え付けるようにします。鉢植えの用土は、赤玉土七割に腐葉土を三割混ぜたものなどを用います。

肥料／庭植えの場合は冬に有機配合肥料、鉢植えの場合は春・秋に緩効性化成肥料か発酵固形油粕を施します。

病害虫／日当たり・風通しのいい場所で栽培すれば、病害虫の心配はほとんどないでしょう。

カレンダー

	1	2	3	4	5	6	7	8	9	10	11	12
置き場所	屋外の日当たり（1〜12月）											
水やり（鉢栽培）	用土の表面が乾いたら十分に（1〜12月）											
剪定		剪定	剪定									
植え付け・植え替え			植え付け・植え替え	植え付け・植え替え								
肥料	庭植え	庭植え	鉢植え	鉢植え					鉢植え	鉢植え		
病害虫	ほとんどなし											
増やし方	種まき	種まき	種まき								種まき	種まき
開花・結実				開花						結実・種を採る	結実・種を採る	

カラットの由来
イナゴマメ

ものの重さを量るには秤が必要です。
かつては天秤が用いられ、量りたいものが
どの分銅と釣り合うのかを調べていました。
言うまでもなく分銅には精度が必要とされ
ばらつきの少ないものが選ばれます。
少しの重さの違いが価格を大きく左右する
宝石の計量に使われたのはイナゴマメの種。
自然が作り出した、均一性の高い分銅です。

〇・五カラットのダイヤモンド、などという場合のカラットは重さを表しています。カラットで表記されると分かりづらいのですが、一カラットは二〇〇ミリグラムなので、〇・五カラットは一〇〇ミリグラムということになります。

カラットは昔から使われてきた単位で、イナゴマメの種の重さに由来すると言われています。イナゴマメは広い地域で入手が可能だったため、天秤の分銅として用いられたのでしょう。

なお、かつてのカラットは地域による違いがありました。たとえばイタリアのボローニアでは一八八・五ミリグラム、スペインでは一九九・九ミリグラム、イギリスのロンドンでは二〇五・三ミリグラム、イタリアのトリノでは二一三・三ミリグラムという具合です。これでは不便なので、一九〇七年の国際度量衡総会において、二〇〇という区切りのいい数字に統一されました。

さて、イナゴマメの種の重さは本当に一カラットなのでしょうか。筆者の手元にある九粒のイナゴマメを計ってみたところ、一七〇から二一〇ミリグラムで平均は約一八九ミリグラム、かつてのボローニアのカラットに近い数字になりました。

なお、カラット（carat）という言葉の語源については、イナゴマメの種のギリシア名 keration に由来するという説のほか、デイコの種のアラビア名 quirrat に由来するという説もあります。

イナゴマメ

Ceratonia siliqua

分類／マメ科ケラトニア属
原産地／地中海沿岸地方
タイプ／常緑高木
※黒い粒はイナゴマメの種

そうなるとデイコの種の重さも知りたいところですが、残念ながら手元にはなく、その重さは不明です。

また、かつてインドではトウアズキ（一六四ページ）の種が分銅に使われたとされ、こちらは一カラットの半分の重さと言われます。これも手元のトウアズキ二〇粒を測定したところ、七〇から一三〇ミリグラムで平均は約一〇七ミリグラムでした。

＊

イナゴマメの原産地は地中海沿岸地方で、高さ一五メートルほどになる常緑高木です。葉は鳥の羽根のように切れ込む羽状複葉で、硬くて光沢があります。花は房状に付き、花弁がなくしべが目立ちます。雌株と雄株に分かれますが、雌雄両方の性質を持った両性花を付ける株もあります。花後にできるさやは茶色で、大きなものでは長さ三〇センチほどになります。

イナゴマメが結実するまでには長い年月が掛かります。たとえば、ユダヤ教の聖典『タルムード』に次のような話が載っています。ホニという人物が歩いていて、イナゴマメを植える男に会いました。「収穫まで七〇年掛かるのに」とホニが言うと、「子孫のために植えるのです」と男は答えました。ホニは眠りに落ち、目覚めたところで、先ほどのイナゴマメから実を収穫している光景を目にします。浦島太郎かリップ・ヴァン・ウインクルのように、ホニは七〇年の歳月をタイムスリップしてしまったというわけです（実際のところは、イナゴマメは二〜三〇年目くらいから収穫できるようです）。

イナゴマメはさや・果肉・種が食用になります。果肉を粉にしたものがキャロブパウダーで、チョコレートやココアの代用品として用いられています。また、種から作られるのがローカストビーンガムで、さまざまな食品にとろみを付ける「増粘多糖類」として使われています。

イナゴマメは英語でキャロブ（carob）、またはローカストビーン（locust bean）と呼ばれます。ローカストはイナゴのことなので、ローカストビーンは日本名のイナゴマメと同じ意味になります。これらの名前は、褐色に熟すこの植物のさやがイナゴに似ていることに由来するのでしょうか。

聖書の『マタイによる福音書』にヨハネは「いなごと野蜜」を食べ物としていたという記述があります。このヨハネとは、イエスに洗礼を行ったバプテスマのヨハネのことです。ここに出てくる「いなご」は昆虫ではなく、イナゴマメのこととする説もあります。ヘブライ語でイナゴを表すハガブ（hagav）と、イナゴマメを意味するハルーブ（haruv）がよく似ているため、間違って記されたという解釈です。このため、イナゴマメは英語でセントジョンズブレッド（St.John's-bread、聖ヨハネのパンの意味）とも呼ばれています。

種類と入手法／苗はまず販売されていないので、種から育てます。通信販売などで入手しますが、種の販売もややまれです。ハムスターの餌の中に、発芽可能な種が混ざっていることもあるようです。

置き場所／一年を通じて日当たりのいい場所で育てます。零下五℃くらいまでは耐えるので、関東以西平野部では庭植えも可能です。寒冷地では鉢植えにして冬は屋内へ。開花結実させるには年数が掛かり、また雄株と雌株の両方、または両性花を付ける株が必要です。

種まき／種の皮が硬く、そのままでは水を吸いづらいので、やすりなどで皮の一か所を削ります。削りすぎると腐りやすいので、皮の下の白い部分が透けて見えるくらいにとどめます。種は一晩水に漬けて十分に吸水させてからまきます。用土は小粒の赤玉土など、清潔で肥料分のないものがいいでしょう。一センチほどの厚さに土を掛け、発芽まで乾燥させないように管理します。

水やり／鉢植えの場合、用土が乾いたら、鉢底から流れ出すくらい十分に水を与えます。暖かい時期はもちろん、冬でも雨や多少の雪が掛かっても問題ありません。

剪定／伸びすぎたら初夏に剪定を行います。

植え付け・植え替え／鉢植えの用土は、赤玉土七割に腐葉土を三割混ぜたものなどを用います。

肥料／春～秋に緩効性化成肥料か発酵固形油粕を継続して施します。

病害虫／日当たりと風通しのいい場所で病害虫に強い株に育てます。カイガラムシは歯ブラシなどでこすり落とし、アブラムシは薬剤で駆除します。

増やし方／種まきが一般的ですが、挿し木も可能。茎を一〇センチほどの長さに切り、下の方の葉を取って、赤玉土などの無肥料で清潔な用土に挿します。

カレンダー　　*1 越冬には-5℃程度必要。

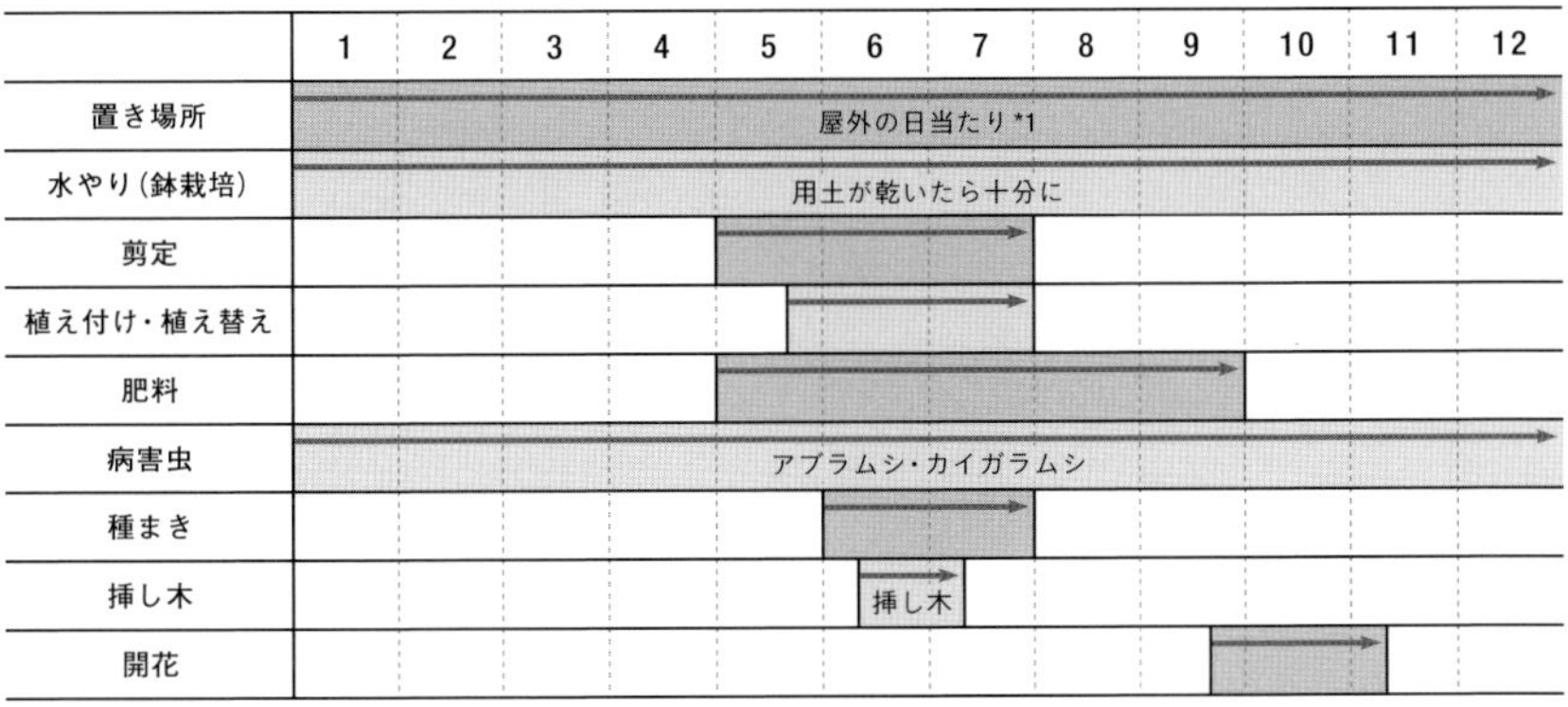

ロビン・フッドの弓の木 セイヨウイチイ

百年戦争でフランス軍を悩ませ
伝説ではロビン・フッドが手にした
イングランドのロングボウは
セイヨウイチイから作られました。
常緑で長寿の木として
再生のシンボルとも考えられた
セイヨウイチイは、その反面
相手に死を贈るまがまがしい
樹木でもあったのです。

リドリー・スコット監督、ラッセル・クロウ主演の映画『ロビン・フッド』に、イングランドのリチャード一世がフランスのシャールース城を攻撃するシーンがあります。守るフランス兵が使うのはクロスボウ、攻めるイングランド兵が手にするのはロングボウです。

クロスボウというのは、銃のような軸にT字形に弓を固定した武器で、弦を引いて固定し、引き金を絞ることで発射します。扱いが比較的やさしくて威力が大きく、また飛距離も長いのですが、一度矢を放ってしまうと再装填するのに時間が掛かるという欠点があります。

ロングボウは使う人の背丈ほどの長い弓です。文字通り矢継ぎばやに射ることができ、巧みな者は毎分六本（狙いを定めない射撃では毎分一〇本）の連射が可能だったと言われます。飛距離を伸ばすにはクロスボウの方が有利ですが、ロングボウでも斜め上に向かって射ることによって、飛距離をかせぐことができました。矢は飛びながら落下するため、水平に射るよりも斜め上に放った方がより遠くまで届きます。ただしロングボウの扱いは難しく、習熟するには訓練が必要でした。

イングランドのロングボウの威力は絶大でした。フォールカークの戦い（一二九八年）では、ロングボウ兵を中心とした投射兵部隊によって、ウイリアム・ウォレス率いるスコットラン

セイヨウイチイ（西洋一位）

Taxus baccata

分類／イチイ科イチイ属

原産地／ヨーロッパ・北アフリカ・西アジア

タイプ／常緑樹

※写真は名称不明の園芸品種

ド軍に勝利を収めます。メル・ギブソンがウォレスを演じた映画『ブレイブハート』ではこの戦いが取り上げられていて、頭上から降り注ぐ無数の矢になすすべもなく倒れていくスコットランドの兵士が描かれています。

百年戦争において、イングランドはフランスにロングボウの威力を見せ付けることになります。クレシーの戦い（一三四六年）とポアティエの戦い（一三五六年）において、イングランド軍は数の上で優勢だったフランス軍を破っていますが、この勝利はロングボウの存在を抜きにして語ることはできません。

このように、火器の登場までは最も強力だったと言えるロングボウですが、その素材として用いられたのは強度と弾力を兼ね備えたセイヨウイチイです。トネリコやニレの仲間も用いられましたが、セイヨウイチイに勝る素材はなかったようです。

冒頭に挙げた映画の主人公、伝説的英雄のロビン・フッドが使ったのも、このセイヨウイチイのロングボウです。ロビン・フッドのバラッド（物語ふうの歌）によれば、彼は死の間際、この弓に矢をつがえて放ったといいます。そして、その矢が落ちたところに自分を葬ってくれるように頼みました。現在のウエストヨークシャー州のカークリーズに、ロビン・フッドの墓と言われる旧跡が残っていますが、その墓碑のかたわらにはセイヨウイチイの木が立っているということです。

＊

セイヨウイチイはヨーロッパ・北アフリカ・西アジアに分布する常緑高木で、二〇メートルほどに生長します。雌株と雄株の区別がある雌雄異株の植物で、雌株は花後に赤い仮種皮《かしゅひ》（果肉のようなもの）に包まれた種子を付けます。

セイヨウイチイや日本のイチイを含むイチイ属の植物は、葉や種子などにタキシンという毒を持っています（仮種皮は無毒ですが、種子の成分を吸収すると危険）。シェークスピアの『リチャード二世』には「二重にいまわしいイチイの弓」というせりふがありますが、これは武器としてだけでなく、毒としても命を奪うことを示しています。また『ハムレット』に出てくる「ヘボナの毒薬」は、イチイの毒とも言われています。

一方で、イチイ属の植物からタキソールという抗がん作用のある物質も発見されています。セイヨウイチイは死の、そして常緑で長寿であるために再生のシンボルともされてきましたが、薬効の面でも二面性を持っていたわけです。

イチイ属の属名 *Taxus*（タクスス）は「弓」を意味するギリシア語の taxon に由来するとも言われます。またイチイという和名は、日本のイチイが高官の笏《しゃく》（威儀を整えるために右手に持つ細長い板）の材として用いられたため、第一の位階である「一位」にちなんで付けられたものです。

種類と入手法／日本ではセイヨウイチイの原種はあまり販売されず、直立する枝を密生させる'エレクタ'や、新しい葉が明るい黄緑色になるいくつかの園芸品種が出回ります。実を付けさせるためには雌株を購入しますが、近くに雄株があることが必要です。

置き場所／日当たりのいい場所（やや日陰の場所でも栽培は可能）に庭植えにするか、鉢植えにして同様の場所に置きます。

水やり／鉢植えの場合、用土が乾いたら、鉢底から流れ出すくらい十分に水を与えます。

剪定／剪定に強く、刈り込んでいろいろな形に仕立てることが可能です（ただし、極端に深く刈り込むのは避けます）。生育はあまり早くありませんが、年数が経つと大きく育ちます。小さなスペースでは、こまめに刈り込むように心掛けましょう。

植え付け・植え替え／春か秋に行います。庭植えにした場合、移植は難しいことがあります。よく検討して場所を決めるようにしましょう。鉢植えの用土は、赤玉土七割に腐葉土を三割混ぜたものなどを用います。

肥料／庭植えの場合は冬に有機配合肥料、鉢植えの場合は春に緩効性化成肥料か発酵固形油粕を施します。

病害虫／病害虫は少なく丈夫な植物ですが、ハダニが発生することがあります。薬剤で駆除しましょう。

増やし方／昨年伸びた枝を春に挿すか、今年伸びた枝を夏に挿して増やします。枝を一〇センチほどの長さに切り、下の方の葉を落として挿し穂とします。赤玉土などの無肥料で清潔な用土に挿します。挿し木した鉢ごとポリ袋に入れる密閉挿しにすると活着は良好。種まきもできないことはありませんが、発芽までに数年を要することもあり、その間乾かさないように管理する必要があります。園芸品種の種をまくと、親とは違ったものが生まれるでしょう。

カレンダー

*1 去年伸びた枝を挿すようにする。

	1	2	3	4	5	6	7	8	9	10	11	12
置き場所	屋外の日当たり	→	→	→	→	→	→	→	→	→	→	→
水やり（鉢栽培）	用土が乾いたら十分に	→	→	→	→	→	→	→	→	→	→	→
剪定	可能	→	最適期	→	可能	→	→	→				
植え付け・植え替え				→	→				→	→		
肥料	庭植え	→	鉢植え	→								
病害虫	ハダニ	→	→	→	→	→	→	→	→	→	→	→
増やし方			挿し木*1	→		挿し木*1	→					
開花			→	→	→							

ネアンデルタール人の祈りの花？
セイヨウノコギリソウ

ネアンデルタール人は私たちの祖先ではなく
同じヒト科ヒト属に属しながらも
私たちとは別種に分類される生物です。
ネアンデルタール人が何かの意味を込めて
死者に花をたむけていたらしい証拠が
イラクのシャニダール洞窟の
約六万年前の遺跡から見付かっています。
彼らは花にどんな思いを込めたのでしょうか。

一九五〇年代のこと、イラク北部のシャニダール洞窟で約六万年前のものと推測されるネアンデルタール人の骨の化石が発見されました。その中の一体、「第四号」と名付けられた男性の骨の周囲の土を分析したところ、ノコギリソウ属、ヤグルマギク属、セネキオ属、ムスカリ属、マオウ属、タチアオイ属などの植物の花粉が検出されたのです。

この発掘を指揮したアメリカ人考古学者、ラルフ・ソレッキは「第四号」は[*1]花とともに埋葬されたのだと考え、ネアンデルタール人たちを「最初に花を愛でた人々（the first flower people）」と呼びました。それぞれの開花期、当時の気候などを考慮すると、次のような物語が浮かび上がります。五月下旬から六月上旬のある日、木の枝と組み合わされた花がたむけられ、彼はこの場に埋葬されたというストーリーです。

この話を聞いて、単に「人間は大昔から花を好きだったんだな」と考え、当たり前のように感じる人もいるかもしれません。しかし、[*2]ネアンデルタール人（ホモ・ネアンデルターレンシス）は私たちホモ・サピエンスの祖先ではなく、私たちとは別の方向に進化した別種の生物です。

現在、地球上に生きている人はすべて同一種、ホモ・サピエンスです。どの国、どの地域に生きる人も「種《しゅ》」に違いはなく、生物学的に同じ特徴を持っています。同じ身体的特徴を持った

セイヨウノコギリソウ
（西洋鋸草）
Achillea millefolium

分類／キク科ノコギリソウ属
原産地／ヨーロッパからアメリカにかけて
タイプ／多年草
※写真はアカバナセイヨウノコギリソウ

世界各地の人が、同じように感じ、同じように考えることに不思議はありません。しかし、異なる特徴を持つネアンデルタール人が、私たちと同じように花を愛したとしたらどうでしょうか。彼らは別の道をたどって私たちと同じように花を好きになったのか、あるいは私たちとの共通の祖先にすでに花を愛する心が芽生えていたのか、いろいろと想像は広がります。

＊

シャニダール洞窟で発見された花粉はどんな植物のものだったのでしょうか。ノコギリソウ属に関しては、種名は同定されていません。現在のシャニダール地域には、少なくとも六種のノコギリソウ属の植物があるとソレッキは書いています。分布域が広いセイヨウノコギリソウの可能性も高いかもしれません。

ヤグルマギク属に関しては、*Centaurea solstitialis*（イガヤグルマギクと呼ばれる植物）のものと分析されています。これは地中海沿岸などに分布する黄色い花を付ける植物で、花（頭花）の根元に長いとげを持つのが特徴。帰化植物として日本でも見掛けることがあるようです。

セネキオ属、ムスカリ属、マオウ属に関しても種名までは明らかにされていません。タチアオイ属に関しては詳細は分かりませんが、私たちになじみの深いタチアオイ（*Alcea rosea*）とは別の植物でしょう（タチアオイは中国産で、雑種由来の植物）。

発見された植物のうち、ムスカリ以外は薬効があるものばかりです。彼らは単に美しい花を供えたのではなく、たとえば復活を願うなどの呪術的な意味をそこに込めたのでしょうか。

シャニダール洞窟の花粉の植物のうち、ここではノコギリソウ属、そのうちのセイヨウノコギリソウをご紹介しましょう。

セイヨウノコギリソウはヨーロッパ、アメリカなどの広い地域に分布する植物です。地下茎で増える植物で、草丈は七〇センチほど。その名の通り、葉は鋸のように切れ込みます。開花期は夏で、小さな花（頭花《とうか》）を多数、房状に付けます。原種の花色は白ですが、赤花の園芸品種・アカバナセイヨウノコギリソウの方がよく栽培されているようです。

Achillea（アキレア）という属名はギリシア神話に登場する英雄、アキレウスに由来します。アキレウスは半人半馬のケンタウロス族の賢者・ケイロンから、この植物の薬効を教えられたと伝えられています。

＊1　風で吹き寄せられた花粉が、ネズミの穴を通って入り込んだという説もあります。

＊2　ただし最近の研究は、アフリカ以外の地域のヒトは純粋なホモ・サピエンスではなく、わずかながらネアンデルタール人の血を引いている可能性を示しています。

種類と入手法／園芸店などで苗の入手が可能です。原種のセイヨウノコギリソウとその園芸品種のアカバナセイヨウノコギリソウは、「ヤロウ」の名でハーブとして販売されることが多いでしょう。セイヨウノコギリソウはハーブティーやサラダなどに利用されますが、妊娠中は用いてはいけないとされています。現代では、どちらかというと観賞用に用いられることが多いでしょう。ドライフラワーにすると色と香りが残り、長期間観賞できます。ポプリにも最適。そのほか別種のキバナノコギリソウ、エゾノコギリソウ、それぞれの園芸品種や交配種などが観賞用の多年草として流通します。

置き場所／屋外の日当たりのいい場所で栽培します。庭植えと鉢・プランター植え、どちらでもよく育ちます。

水やり／鉢植えの場合、用土が乾いたら、鉢底から流れ出すくらい十分に水を与えます。もちろん、雨に当てても構いません。

剪定／種を採る目的がなければ、花後に花穂を切ります。

植え付け・植え替え／条件がいいとどんどん増えるので、できれば二年に一度は株分け・植え替えを。鉢植えの用土は、赤玉土七割に腐葉土を三割混ぜたものなどを用います。

肥料／春と秋に緩効性化成肥料か発酵固形油粕をごく少量施します。与えすぎないように注意。

病害虫／病害虫は少なく、丈夫な植物です。アブラムシが発生したら強めのシャワーで洗い流すか、薬剤で駆除します。

増やし方／春に種まきもできますが、株分けか挿し木で増やす方が簡単です。種は一晩水に付けてからまき、隠れるくらいに土を掛けます。株分けははさみなどで根株を分割して植え付けます。挿し木は一〇センチほどの長さに切った茎（下の葉を落とす）を用い、小粒の赤玉土などに挿します。

カレンダー

*1 開花後、枯れた花を切って取り除く。
*2 開花・結実後、順次種を採る。

	1	2	3	4	5	6	7	8	9	10	11	12
置き場所	屋外の日当たり	→	→	→	→	→	→	→	→	→	→	→
水やり（鉢栽培）	用土が乾いたら十分に	→	→	→	→	→	→	→	→	→	→	→
剪定							*1	→	→			
植え付け・植え替え			→	→					→	→		
肥料			→	→					→	→		
病害虫				アブラムシ	→	→	→	→	→	→		
増やし方			種まき・株分け	→	挿し木	→			種まき・株分け	→		
開花・結実						*2	→	→				

神秘的な紫色のさや ツタンカーメンのエンドウ

紫色のさやを持つエンドウは
ツタンカーメンの王墓から
発掘されたという物語とともに
人の手から手へと渡されて
日本中で栽培されるようになりました。
この神秘的な植物
ツタンカーメンのエンドウは
本当に三〇〇〇年の眠りから覚めて
発芽したのでしょうか。

家庭菜園を作っている人、花好きの人なら、ツタンカーメンのエンドウの話を聞いたり、あるいは実際に作ったりした経験があるかもしれません。このエンドウの種は最近では販売もされていますが、どちらかというと人から人へと渡されることによって日本各地に広まったものです。この種が次の人に渡される時、必ずひとつの物語が添えられてきました。それは「エジプトのツタンカーメン王の墓から発見され、三〇〇〇年の眠りからさめて発芽したエンドウの子孫」というものです。

約二〇〇〇年前の種から発芽したとされる「大賀ハス」の例もあるので、ツタンカーメンのエンドウの話はよく受け入れられたようです。この植物の全体の姿、花の色や形は普通の紫花のエンドウとあまり変わりありません。しかし、花後にできるさやが濃い紫色という点が珍しく、神秘的に見えることがこの話に重みを与えているようです。

ツタンカーメンのエンドウが日本へやってきたのは一九五六年のこと。日本へ送ったのはアメリカのイレーヌ・ファンスワーズ夫人という人物です。エンドウの種に添えられた手紙には、次のように書かれていました。王墓の発見者ハワード・カーターが王墓で見付けたエンドウの種をイギリスに持ち帰り、ギルバートという人物に預けました。ギルバートはそれを発芽させ、増やすことに成功しました。その種をファンスワーズ夫人が譲

ツタンカーメンのエンドウ
（ツタンカーメンの豌豆）
Pisum sativum

分類／マメ科エンドウ属
原産地／地中海沿岸地方から西南アジアにかけて
タイプ／秋まき、または春まき一年草
※ツタンカーメンのエンドウはエンドウの栽培品種のひとつ

り受け、さらにアメリカで増やしたというのです。この物語が添えられて、エンドウは人の手から手へと渡り、日本各地で栽培されるようになりました。

しかし、エンドウの種は一般に寿命が短く、それが三〇〇〇年以上を経て発芽したことを疑問視する意見もあります。王墓からは実際に、床にまかれた状態のエンドウ豆が発見されたそうですが、それを発芽させたという記録は見当たりません。少なくとも今のところ、ファンスワーズ夫人の手紙以外に裏付けは見付かっていないようです。なお、ギネス世界記録に登録されている「最も古い種からの発芽」は、約二〇〇〇年前のナツメヤシの種からの発芽例です（一六八ページ）。

しかしいったん印象深い物語が出来上がると、それを否定するのは難しいものです。さまざまなことを承知の上で、栽培を楽しむ方も多いのでしょう。真偽がどうであれ、このエンドウが魅力的な植物であることに変わりはありません。きっとこれからも物語とともに伝えられて行くことでしょう。

＊

エンドウの原産地は地中海沿岸地方から西南アジアにいたる地帯です。ヨーロッパでは紀元前七〇〇〇年の住居跡から豆が発見され、また古代ギリシア時代には栽培の記録もあります。

エンドウは蔓性の秋まき、または春まき一年草で、鳥の羽根のような葉の先端に巻きひげがあり、これでほかのものにつかまって生育します。花は蝶形花《ちょうけいか》と呼ばれるマメ科特有のもので、ひとつの花穂にふたつずつ付くことが多いようです。

花の色は品種によって異なり、白、紅色、そしてツタンカーメンのエンドウと同じ紫色。花後にできるさやは緑色のものが一般的ですが、中の豆の色はさまざまで形態も変化に富んでいます。この違いに着目して実験材料として用いたのが、一九世紀オーストリアの修道士、遺伝の法則で有名なメンデルです。

エンドウは、豆だけを利用する「むきみ用エンドウ」と、未熟なさやごと利用する「さやエンドウ」の二つに大別されます。なおグリーンピースというのは、完熟前に収穫したむきみ用のエンドウのことです。さやエンドウのうち、日本でよく利用されるのが絹さや。さや同士のこすれ合う音が「きぬずれ」の音に似ていることからこの名前で呼ばれるようになりました。最近では、大きい豆の入った肉厚のさやごと食べるスナップエンドウ（スナックエンドウ）もよく利用されています。

ツタンカーメンのエンドウの場合、グリーンピースのように利用するのが一般的。ご飯を炊く時にツタンカーメンのエンドウを入れて、豆ご飯を作る方も多いようです。このご飯の色ははじめは白ですが、しばらく保温しておくと淡い紅色に変化するという、不思議な現象を目にすることができます。

入手法／秋に種が販売されます。店頭にはあまり並びませんが、通信販売なら確実に入手できるでしょう。春になってから、園芸店に苗が出回ることもあります。

置き場所／屋外の日当たりのいい場所で栽培します。庭植えのほか、大きめの鉢・プランターでも栽培可能です。

種まき／一般的な地域では秋、寒冷地では春に種をまきます。秋の種まきが早すぎると、冬前に大きく育ってしまい、寒さによる害を受けやすいので注意しましょう。連作を嫌うので、庭植えの場合は数年間、マメ科植物を作ったことのない場所を選びます。種は一晩水に漬けて吸水させてからまき、二センチほど土を掛けます。直接まいて混み合ってきたら間引きをするか、ポットにまいて苗を作り、本葉が数枚のころに定植します。鉢・プランター植えの用土は市販の「花と野菜の土」や、赤玉土七割に腐葉土を三割混ぜたものなどを用います。

水やり／鉢・プランター植えの場合、用土が乾いたら、鉢底から流れ出すくらい十分に与えます。もちろん、雨に当てても構いません。

支柱立て・摘心／春になって盛んに生長をはじめたら支柱を立てます。茂りすぎたら孫蔓の摘心を行います。

肥料／秋、および開花期に緩効性化成肥料などを施します。

病害虫／気温が高くなると葉に白い筋を付けるエカキムシ（ハモグリバエ類の幼虫）が発生します。秋まきの場合、被害が増えるのは収穫が終わるころなので、特別な対処をしなくてもいいでしょう。収穫に影響が出そうな場合は、幼虫がいる葉を早めに摘み取るか葉の上から押しつぶし、あるいは薬剤で駆除します。

収穫・採種／食用の収穫は、さやにしわが出るころが適期です。来シーズン用の種を採るためには、もう少し日数をおいて完熟するまで待ちましょう。

カレンダー　　*春の支柱立て、孫蔓の摘心などの作業も必要。

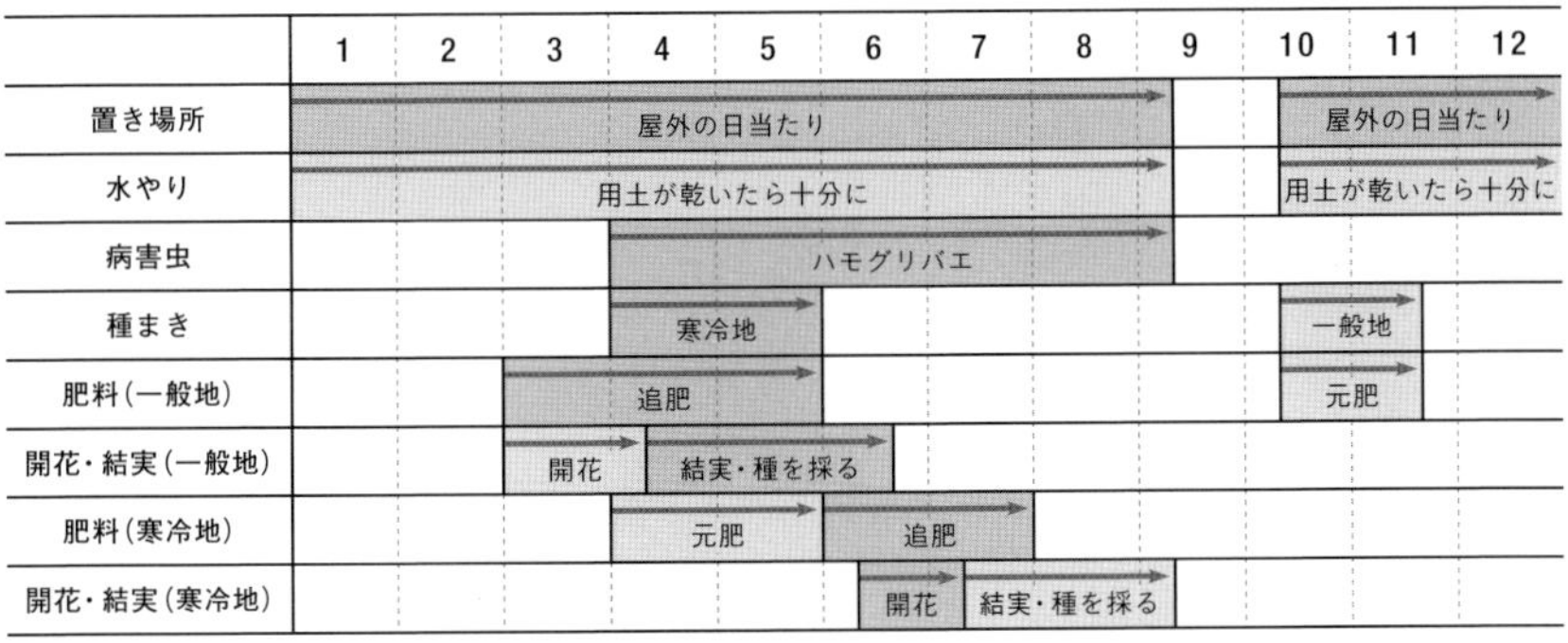

はかなく消えることに価値がある青い花 ツユクサ

いつも変わらない常緑の木と
見る間に散ってしまう花。
日本人はその両方を愛してきました。
一日花、それも朝だけに咲くツユクサ。
その花の色はすぐに消えてしまいますが
そこに価値を見出され
友禅染の下絵を描く
染料として利用されてきました。

月草に　衣は摺らむ　朝露に　濡れての後は　うつろひぬとも
（万葉集・作者不詳）

『万葉集』に詠まれた「つきくさ」（月草・鴨頭草）はツユクサの古名です。色の付く草の意味、または花をすり付けて布を染めたこと、あるいは花を突いて染料としたことに由来すると言われます。『万葉集』に「つきくさ」が詠まれた歌はほかに八首あり、「うつろふ」「消《け》ぬ」などの枕詞として用いている例、花のはかなさ、染料としての色の変わりやすさに人の心や物事のうつろいやすさを重ねた例などがあります。どうやらこの植物は、古くから感傷的なイメージをまとっていたようです。

ツユクサは日本全国、本当にどこにでもある雑草。ひとつひとつの花の寿命は短く、早朝開き、日が高くなるとしおれてしまいます。その花色は澄んだ青。数ある花のうち、「青い花」と呼べるのはデルフィニウムやヤグルマギクなどごく少数ですが、このツユクサもそのうちのひとつと言えるでしょう。

ツユクサの花弁は二枚しかないように見えますが、じつは花の下の方に小さくて目立たない三枚目の花弁が存在します。雄しべも変わっていて、先端（葯《やく》）が黄色くてよく目立つ四本の雄しべと、長く伸びる二本の雄しべを持っています。花がしお

ツユクサ（露草）
Commelina communis
分類／ツユクサ科ツユクサ属
原産地／東アジア（日本には全国に分布）
タイプ／春まき一年草

れる時、この長く伸びる雄しべは雌しべと一緒にくるくると丸まり、雌しべの先端に花粉を付けます。ツユクサは昆虫による受粉もしますが、万が一、昆虫が訪れなくても自家受粉を行うことができるのです。頼りなげな、はかない存在にも見えるツユクサですが、短い時間に確実に受粉する仕組みを持つたくましい花とも言えるでしょう。

白花のシロバナツユクサ、花弁の縁だけが白くなる青花のメガネツユクサ、葉に白い斑が入るギンスジツユクサなど、ツユクサにはいくつかの変わったものが知られています。その中で、ツユクサより草丈も花も一回り大きいのがオオボウシバナです。

オオボウシバナは、染料を採るためにツユクサから選抜された栽培変種と考えられています。冒頭の『万葉集』の歌にもあるように、布に付いたツユクサの花の色は水に触れるとさっと溶けて消えてしまいます。この性質を利用して、オオボウシバナの花は友禅染めの下絵を描く染料として利用されてきました。

ただし花の汁の状態では保存できないので、和紙に染み込ませた「青花紙《あおばながみ》」という製品に加工されます。下絵を描く時には、その紙をちぎって水に浸し、青い色を溶け出させて用います。

青花紙の生産地は滋賀県草津市で、生産農家ではオオボウシバナの栽培から製品の仕上げまでを一貫して行っています。

青花紙に用いられるオオボウシバナの花は、夏の朝、一輪ずつ手作業で摘まれていきます。そして花をすぐに絞って、汁を和紙の束に染み込ませて乾かし、次の日また花を摘んで、その汁を同じ紙に染み込ませて乾かしという作業を何日も行います。深い藍色に染まり、和紙の乾燥重量がはじめの数倍になるまで作業が続けられて、ようやく青花紙の完成となります。オオボウシバナはかつて「地獄花」と呼ばれたそうですが、暑い盛りに行われる作業がそれほど過酷だったということでしょう。

ツユクサの属名は *Commelina*（コンメリナ）ですが、これには次のような由来があります。オランダに Commelin 家という一族があり、そこから三人の植物学者が出ました。そのうちの二人は業績を残しましたが、ひとりは早世し名を成すことができませんでした。先に述べたように、ツユクサの仲間の植物は二枚の目立つ花弁と、一枚の目立たない花弁を付けます。生物分類学を大成したリンネ（一七〇七―一七七八）は、このことを Commelin 家の三人と重ね合わせ、*Commelina* と名付けたそうです。

なおツユクサ科の別の属にトラデスカンティア属があり、その一種にオオムラサキツユクサがあります。このオオムラサキツユクサの英名のひとつが widow's tears（未亡人の涙）。しおれた花がにじんだインクのように見えることからの連想で、未亡人が涙ながらに書いた手紙を表したものでしょう。ツユクサやその仲間はやはり湿っぽい思いを誘うものが多いようです。

種類と入手法／原種はどこにでもある雑草で、栽培されることはまずありません。斑入りのギンスジツユクサは山野草を扱う店で、ごくまれに販売されます。オオボウシバナは通信販売で入手。シロバナツユクサ、メガネツユクサなどはまず流通しないので、ネットオークションなどを利用するしかありません。

置き場所／春から秋まで、屋外の日当たりのいい場所で栽培します。庭地植えと鉢植え、どちらでもよく育ちます。庭植えにすると、一株でもかなり大きな面積に広がります。ただし根を張る力は弱く、簡単に抜くことができるので、対処に困ることはほとんどないでしょう。

種まき／種には五ミリ程度の厚さに土を掛けます。庭植え、鉢植えともに、直接まいて混み合ってきたら間引きましょう。あるいは鉢にたくさんの種をまいて苗を作り、それを分けて定植しても構いません。鉢植えの用土は市販の「花と野菜の土」、赤玉土七割に腐葉土を三割混ぜたものなどを使います。

水やり／鉢植えの場合、用土が乾いたら、鉢底から流れ出すくらい十分に水を与えます。もちろん、雨に当てても構いません。

剪定／普通は行いません。

肥料／元肥として緩効性化成肥料などを施します。葉色が悪いなどの症状があれば、追肥として液体肥料を与えます。

病害虫／アブラムシが発生したり、ナメクジに食害されたりすることがあるので、薬剤で駆除します。

採種／熟した種はこぼれやすいので、その前に摘み取って集めます。ぽつりぽつりと成熟するので、見つけ次第、こまめに集めましょう。一回栽培すれば、翌年以降はこぼれ種から増えるでしょう。オオボウシバナ、ギンスジツユクサ、シロバナツユクサなどの特徴は遺伝し、その子も同じ形態になります。

カレンダー

*1 開花・結実後、順次種を採る。

	1	2	3	4	5	6	7	8	9	10	11	12
置き場所				屋外の日当たり（4〜10月上旬）								
水やり（鉢栽培）				用土が乾いたら十分に（4〜10月上旬）								
剪定	行わない											
肥料				4〜7月								
病害虫				ナメクジ・アブラムシ（4〜10月上旬）								
増やし方				種まき（4〜5月）								
開花						*1（6〜10月上旬）						

蘇る復活草 テマリカタヒバ

サハラ砂漠に生育するアンザンジュ
別名エリコのバラという植物は
実を結ぶと風に吹かれて転がって行き
離れた場所に種を散布すると言われます。
日本ではアンザンジュの入手は困難ですが
縁が遠いテマリカタヒバが
エリコのバラ、復活草として販売されます。
乾いた時には枯れ草にしか見えませんが
水を与えるとすぐに蘇る不思議な植物です。

かつてエルサレムに巡礼を行ったキリスト教徒たちは、みやげとしてエリコのバラ（rose of Jericho）という奇妙なものをヨーロッパに持ち帰りました。短い茎の先端に、握りこぶしのように丸まった枝の付いた枯れ草のようなものです。それを水に浸すと「握りこぶし」が少しずつ開いていき、やがて四方に枝を広げたような状態になります。

この不思議なものの正体はアナスタチカ・ヒエロクンティカ（*Anastatica hierochuntica*）というアブラナ科の植物で、日本ではアンザンジュ（安産樹）、あるいはフッカツソウ（復活草）と呼ばれています。バラの仲間ではなく、花は小さくて地味ですが、おそらく枝を広げた植物全体の姿をバラの花に見立てて「エリコのバラ」と呼んだのでしょう。神秘的なものと考えられ、お産の軽重を占う道具として、あるいはお守りや民間薬として用いられてきました。

なお、エリコというのはヨルダン川西岸地区の町で、『聖書』にはこの地名が幾度となく登場します。「エリコのバラ」の記述は『シラ書（集会の書）』に登場し、ヤシやオリーブの木とともに大きいことのたとえとして用いられています。ところがアンザンジュはごく小さな植物なので、聖書の記述とは一致しません。聖書のエリコのバラはアンザンジュではなく、セイヨウキョウチクトウのことと考えられています。

テマリカタヒバ（手毬片檜葉）

Selaginella lepidophylla

分類／イワヒバ科イワヒバ属
原産地／北アメリカから中央アメリカにかけて
タイプ／着生シダ植物
※上は乾燥状態で下は水を含んで復活した状態

アンザンジュはサハラ砂漠や中東に自生する草丈一五センチほどの一年草です。花は白色で直径五ミリほどの四枚花。開花結実後、植物は枯死して丸まります。この丸まった植物体は地面から離れ、風に吹かれて遠く離れた場所まで転がって行くと言われています。そこで雨に遭うと、枝を広げて種を散布するというわけです。なお枯死した親株は水を浴びると枝を広げるだけで、実際に生き返るわけではありません。

乾燥地帯には、このアンザンジュのような方法で種を散布する植物がいくつかあります。西部劇に登場する荒野を転がっていく枯れ草のかたまりのような「タンブルウイード」、あるいは中国で旅人のたとえに用いられる「転蓬《てんぽう》」などがその典型です。なお転蓬の正体はヨモギではなく、「沙蓬《さほう》」と呼ばれるアカザ科の植物のようです。

*

日本では本当のエリコのバラ、アンザンジュの入手は非常に困難です。その代わり、性質がちょっとだけ似た、しかし分類上はまったく異なる植物が「エリコのバラ（ジェリコのバラ）」「復活草」という名前で流通しています。こちらの「エリコのバラ」の正体はテマリカタヒバというシダ植物です。

テマリカタヒバはアメリカ・テキサス州からエルサルバドルにかけて分布する植物です。日本のイワヒバと同じ属の植物で、形態や性質はイワヒバとよく似ています。葉のように見える枝を四方に伸ばし、直径二〇センチほどに生長します。

テマリカタヒバも乾燥させると丸まってボールのようになり、水を十分に与えると開くところはアンザンジュとよく似ています。しかしテマリカタヒバはシダ植物なので、アンザンジュのように花や種子を付けることはありません。また原産地では、おそらく岩場などに定着して生育していると考えられ、転がって移動することはあまりないでしょう。ただし植物体やその断片が風に飛ばされて、ほかの場所に定着することがまったくないとは言えません。

乾燥している時のテマリカタヒバは、古い茶色の枝に包まれていて、まさに枯れ草のようです。入手したら、水に浸してみてください。水を与えると枝葉がすぐに開き、中心部の緑色が現れて、劇的に復活する様子を見ることができるでしょう。

乾燥状態のアンザンジュ
（*Anastatica hierochuntica*）

入手法／乾燥状態のものが雑貨店などで販売されます。ただし完全に枯れていて、生育しないものも多いようです。乾燥状態では生きているかどうかを確かめることが難しいので、信用のできる店で購入するしかありません。水を与えても内部の枝葉が生き生きとした緑色にならないもの（くすんだ緑色のもの）は枯れています。

置き場所／鉢植えにして、春から秋は屋外に置きます。日光を好みますが、真夏はやや遮光する方がいいでしょう。冬は気温が上がり過ぎない室内に置き、三〜五℃以上を保ちます。冬は完全に休眠させるので、日光に当てる必要はありません。

水やり／春から秋は用土が乾いたら、株の上から鉢底から流れ出すくらい十分に水を与えます。枝葉も観察し、内側に巻く前に与えるといいでしょう。葉が巻いてしまっても水を与えればすぐに元に戻ります。少しくらいの雨に当てても大丈夫。冬は一滴も水を与えず、完全に乾燥させます。

剪定／行いません。

植え付け・植え替え／用土は市販の「山野草の土」や、小粒の赤玉土と桐生砂（または軽石砂など）を一対一の割合で混ぜたものなどを用います。枝葉の広がりよりも、やや小さめの口径の鉢を用いるのがポイントです。大きすぎる鉢では用土が乾きづらく、失敗することがあります。乾燥状態の株を植え付け、株の上から水を掛けて休眠から覚まします。

肥料／植え付け・植え替え時に緩効性化成肥料をごく少量与えます。

病害虫／病害虫はほとんどありませんが、過湿にするとカビや藻類が発生することがあるので注意。

増やし方／子株を付けたものは、春の植え替えの際に分けることができます。丁寧に切り離して、別々の鉢に植え付けます。挿し木も可能で、枝葉を数センチに切り、用土の上に乗せ、根元に土を掛けて乾かさないように管理して発根を待ちます。

カレンダー

*1 日当たりのいい屋外に出すが、7・8月はやや遮光される場所に置く。
*2 3〜5℃以上の室内に置く。

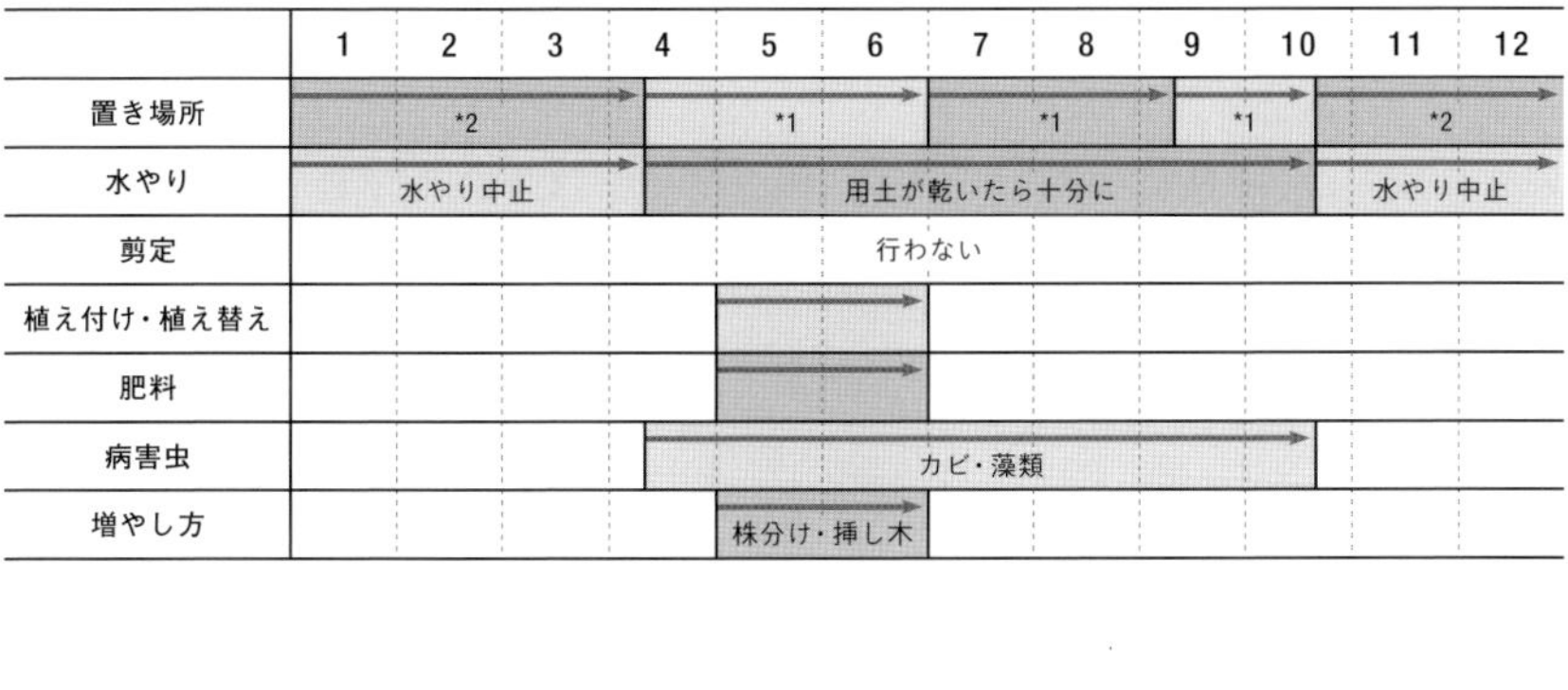

中国の恋のシンボル トウアズキと ナンバンアカアズキ

紅色と黒が分かちがたく
ひとつになったトウアズキ。
紅一色のハート形で
赤心、つまり真心のシンボルのような
ナンバンアカアズキ。
いずれも中国の南方に産する豆です。
中国では、このふたつの豆は
相思、恋のシンボルとされています。

紅豆生南國　紅豆《こうとう》は南の国に生え
春來發幾枝　春になればいくつもの枝に実を付けます。
願君多采擷　どうかたくさん摘んでください。
此物最相思　これは人を恋しく思わせるものですから。

『相思』　王維《おうい》

王維（七〇一ごろ─七六一）は中国唐代の詩人です。『相思』は男女の愛情の詩のように読めますが、もともとは王維が友人の李亀年《りきねん》という人物に贈った友情の詩と言われています。南の国に旅立つ友人に対して、別れを惜しんで詠んだものでしょう。

この詩からも分かるように、中国では「紅豆」は恋の象徴とされてきました。辺境で死んだ夫を思う妻がこの木の下で泣き、やがて悲しみのあまり死んでしまいましたが、その流した血の涙から生じたのが紅豆と言われています。あるいは、恋人と引き離された娘の涙から生まれたという別の伝説もあります。

この紅豆とはいったいどんな植物でしょうか。現代の中国で紅豆・相思豆とされるのは、主にトウアズキとナンバンアカアズキの二つのようです。

トウアズキは中国で相思子と呼ばれてきた植物です。蔓性の常緑低木で、ほかのものに巻き付いて生育します。本来の原産地はアフリカと推測されていますが、熱帯を中心に世界中に広

トウアズキ（唐小豆）
Abrus precatorius
分類／マメ科トウアズキ属
原産地／熱帯を中心に世界中に広く分布
タイプ／熱帯・亜熱帯植物

ナンバンアカアズキ（南蛮赤小豆）
Adenanthera pavonina
分類／マメ科ナンバンアカアズキ属
原産地／熱帯を中心に世界中に広く分布
タイプ／熱帯・亜熱帯植物

く分布し、日本でも石垣島・西表島で見ることができます。花序（花の集まり）は房状で、花色は紫。花の後にサヤエンドウのような「さや」を付けます。このさやが熟すと開き、鮮やかな色の種（豆）が鈴なりに付いた状態になります。

トウアズキの豆は長さ六〜七ミリほどで、「へそ」を取り巻く部分が黒く、それ以外は鮮やかな紅色です。黒と紅色が分かちがたくひとつになっていることから、「相思」の名が付けられたものでしょうか。紅色の部分は伝説に登場する娘の顔、黒い部分は髪と説明されることもあるそうです。この見立てによるものでしょうか、かつては「美人豆」とも呼ばれました。

黒と紅という取り合わせはよく目立ちますが、これは鳥にアピールする配色です。この配色の実は、普通は鳥にとって栄養になる果肉を持っていて、食べられることによって種を遠くまで運んでもらいます。ところがトウアズキの場合、ほかの植物とは違って果肉を持っているわけではありません。鳥はおいしい果肉を持った果実と勘違いし、トウアズキの種を丸のみして、まったく消化しないで遠くまで運んで排泄するそうです。つまり鳥を「だまして」種を運んでもらうというわけです。なお、この豆はアブリンという毒性の高い成分を含んでいて、人が口にするのは大変危険です。

奇妙なことに、この豆は竜脳が蒸発して減るのを防ぐ効果を持つと信じられていました。竜脳というのは漢方薬に用いられる熱帯植物の樹脂。墨の香りの成分と言えば、思い当たる人もいるでしょう。その竜脳の混ぜ物という形で、トウアズキが昔の日本にたびたび輸入されていたようです。

もう一種の紅豆、ナンバンアカアズキは海紅豆《かいこうず》と呼ばれてきた植物です。日本で海紅豆と言えば別属のアメリカデイコを指しますが、これは誤って当てられた名前。本来はこのナンバンアカアズキを指します。

ナンバンアカアズキは熱帯を中心に広く分布する落葉高木で、高さ一〇メートルほどに生育します。トウアズキが種に毒を持つのに対し、ナンバンアカアズキは茎や葉などに毒性があります。房状の白、または黄色い花を咲かせた後、長いさやを付けます。ナンバンアカアズキの豆は紅一色で、直径八ミリほど。形は丸みを帯びた三角形で、ハートにも似ています。横から見ると、やや平たくて中央がふくれたレンズのような形状です。

トウアズキとナンバンアズキの豆はいずれも非常に硬く、美しい色と光沢を持ち、大切に保存すれば長期間色あせません。中国ではこの豆を恋を打ち明ける手段、あるいは愛情の証として贈る習慣がありました。中国文化圏では現在でもこの習慣は生きているようです。また宝石のように加工され、ブレスレットやネックレス、ピアスなども作られています。

入手法／ここでは入手しやすいナンバンアカアズキの育て方をご紹介します。ビーズや飾りとして種（豆）が販売されています。もちろん、穴が開けられていないものを用います。なおトウアズキの育て方もほぼ同様ですが、種のまき方に違いがあります。ナンバンアカアズキは後述のように、種を傷付けてから吸水させる必要がありますが、トウアズキは種を傷付けずに水に漬けるだけで吸水し、発芽可能な状態になります。

置き場所／鉢植えにして、気温の高い時期には屋外の日当たりのいい場所に置きます。正確な最低越冬温度は不明ですが、五℃程度を保つ必要があるようです。

種まき／ナンバンアカアズキの種は硬く、そのままでは水を吸いづらいので、傷を付けて一晩水に漬けます。やすりで削るか、ニッパーや爪切りのようなもので、ごく小さく切れ込みを入れるといいでしょう。削り過ぎないように注意。水で柔らかくなった赤い皮はできるだけ取り除き、小粒の赤玉土にまいて五ミリほど厚さに土を掛けます。数日で発根が始まります。

水やり／用土が乾いたら、鉢底から流れ出すくらい十分に水を与えます。夏の間は雨に当てても問題ありません。葉がやや薄く、乾燥させると枯れ込みやすいので、小さな苗の時には極端に水切れさせないように注意しましょう。

剪定／伸びすぎた場合は、春に剪定を行います。

植え付け・植え替え／植え替えの用土は市販の「観葉植物の土」や、赤玉土七割に腐葉土を三割混ぜたものなどを用います。

肥料／生育する時期に肥料を継続して与えます。緩効性化成肥料の置き肥が使いやすいでしょう。

病害虫／カイガラムシは歯ブラシなどでこすり落とし、アブラムシは薬剤で駆除します。

カレンダー

*1 5℃以上の日当たりのいい室内に置く。
*2 低温の場所では、水やりはやや控えめにする。

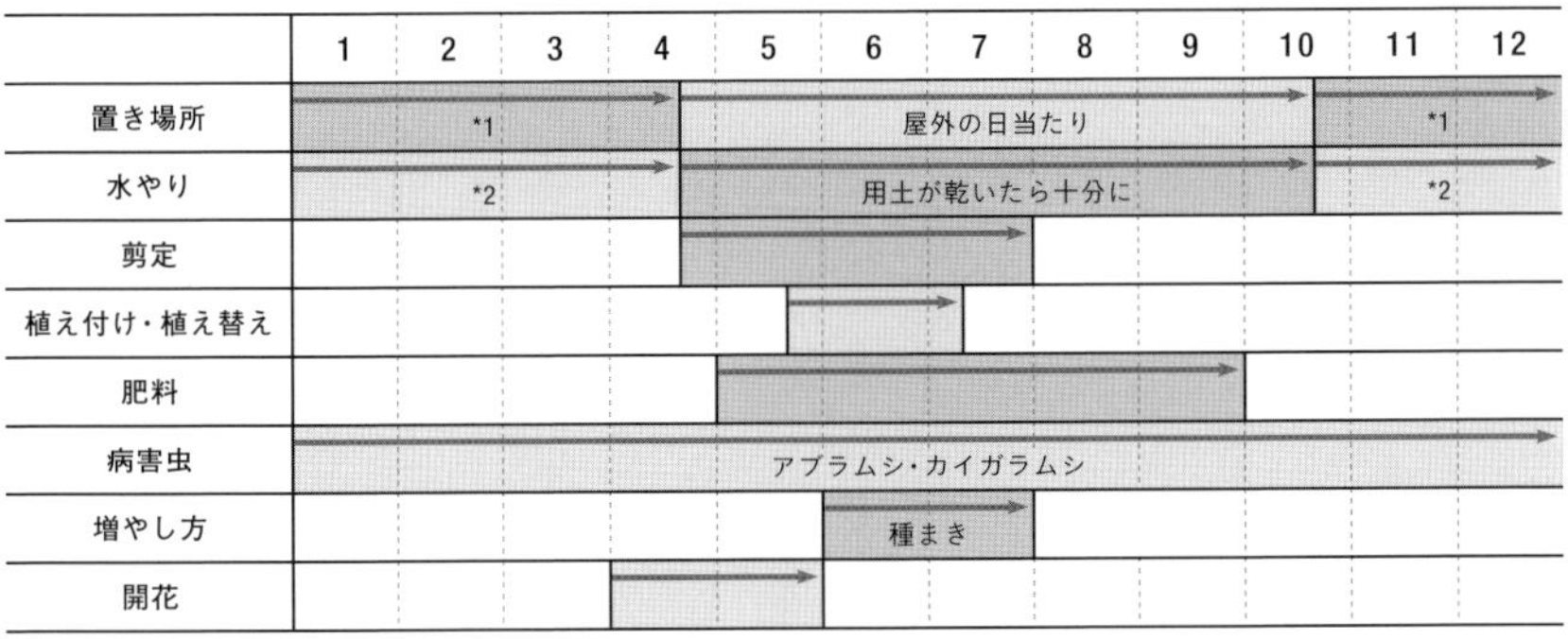

二千年の時を超えて発芽したナツメヤシ

「最も古い種からの発芽」として
ギネス世界記録に認定されているのは
イスラエルのマサダで発掘された
約二〇〇〇年前の
ナツメヤシの種の発芽例です。
ローマ軍とユダヤ反乱軍の戦争を生き延び
長い歳月を超えて芽を出した
このナツメヤシにはどんな物語が
秘められているのでしょうか。

世界遺産のひとつ、イスラエルのマサダは死海の西岸に位置する要塞の遺跡です。高さ四〇〇メートルほどの岩山の平らな山頂を利用したもので、古い時代に作られ、紀元前三〇年代にユダヤのヘロデ大王によって改築されました。山頂にいたる道は少ない上に危険なもので、さらに山頂の周囲に城壁が築かれて、難攻不落の要塞に仕立てられました。

第一次ユダヤ戦争（紀元六六～七〇年。支配者であるローマとユダヤ属州のユダヤ反乱軍の戦争）の後、このマサダは反乱軍の文字通り最後の砦となりました。九六〇名ほどのユダヤ人がここに立てこもったのです。

七三年、執拗な攻撃についに敗れ、ローマ軍による総攻撃を前にユダヤ人は集団自決を行って幕を引きました。自決に際してユダヤ人は自ら要塞に火を放ちましたが、食料庫には火を付けませんでした。食料は十分にあり、飢餓に屈して命を絶ったのではないこと、奴隷になるよりも死を選んだのだということをはっきりと示すためです。こうしてマサダは陥落しました。

さて、一九六〇年代になってマサダで発掘調査が行われ、巨大な貯水槽や食料倉庫などの詳細が明らかになりました。この時、出土品としてナツメヤシの種が見付かっています。二〇〇五年になって、イスラエルの研究者がその種三つを試しにまいたところ、そのうちのひとつが発芽して生長を始めたのです。

ナツメヤシ（棗椰子）
Phoenix dactylifera

分類／ヤシ科ナツメヤシ属
原産地／不明（中東と推測される）
タイプ／熱帯・亜熱帯植物
※写真はドライフルーツのナツメヤシの種からの発芽

放射性炭素年代測定により、種が約二〇〇〇年前のものであることは裏付けられています。おそらく、マサダ陥落の時から眠り続けて来たナツメヤシなのでしょう。

植物の種は時々、驚くような長い時を経て発芽することがあります。たとえば、二〇〇〇年以上前のものと推定される種から生まれた大賀ハス。大賀ハスの場合、残念ながら種そのものの年代測定は行われなかったため、正確な年代は不明です。従ってギネス世界記録には、マサダのナツメヤシが「最も古い種からの発芽」として認定されています。

＊

ナツメヤシは非常に古い時代から栽培されてきたため、人による植栽も多く、本来の原産地ははっきりしません。しかし中東で栽培され始めたことは確かで、現在では中東から北アフリカにかけての広い地域で栽培されています。また近年はアメリカ合衆国などでも栽培が行われるようになりました。暑く乾燥した気候に適応した植物です。

高さ三〇メートルほどに育つ大型のヤシで、地中深く根を張ります。幹は枝分かれすることはありませんが、根元から子株を出すことがあります。長さ五メートルほどにもなる、鳥の羽根のような羽状複葉《うじょうふくよう》を幹の上に茂らせます。

株には雄株と雌株の区別があり、雌株は花後に多数の果実を実らせます。古代アッシリアでは雌株が実を結ぶのに雄株の花粉を必要とすることがすでに知られていて、紀元前九世紀に作られたレリーフには人工授粉の様子が刻まれています（レリーフの解釈については異説もあります）。果実は長さ三～七センチほど、大きさは品種や個体により異なります。そのまま生で、または料理や菓子の素材として食用にされ、あるいは乾燥させて保存食とされます。

ラマダーン期間中、イスラム教徒は日の出から日没まで断食を行います。日没後、まず口にするのがナツメヤシや乳製品で、胃に優しい食品から食べ始めるという合理的な習慣です。また乾燥させたナツメヤシは、砂漠を旅する際の食糧として欠かせないものでした。砂漠にはナツメヤシの茂るオアシスが点在していますが、これらは旅人が捨てた種から芽生えたものと言われています。

ユダヤ教とキリスト教では、ナツメヤシは勝利や祝福の象徴とされました。イエスがエルサレムに入城した時、彼を称える人々はナツメヤシの枝（葉のことだと思われます）を手にして迎えたと言われます（『ヨハネによる福音書』）。中世になって、聖地巡礼に訪れたキリスト教徒はナツメヤシの葉を記念に持ち帰るようになりました。このことから、巡礼者は英語で palmer（palm はヤシの意味）とも呼ばれています。

種類と入手法／食品として販売されているナツメヤシ（デーツ）のドライフルーツの種をまいて苗を作ります。たくさんの栽培品種がありますが、種をまくと親とは違うものになります。

置き場所／一年を通じて日当たりのいい場所に置きます。寒冷地では冬は室内へ。それ以外の地域でも、小さい苗の場合は寒さに当てない方が無難かもしれません。生長した株の耐寒性は強く、零下七℃くらいまでは耐えます。暖かい地域なら庭植えも可能ですが、収穫を目指すにはある程度のスペースが必要です。鉢植えでできるだけ小さく育てて、観葉植物として楽しんだ方がいいでしょう。最終的には大きくなり、丈を低くするのは難しい植物だということをお忘れなく。

種まき／市販のドライフルーツから種を取り出して水洗いし、一晩水につけた後に小粒の赤玉土か、植え替え・植え付け用の用土にまきます。種は横に寝かせ、一～二センチの厚さに土を掛けます。二か月ほどで発芽するでしょう。

水やり／用土が乾いたら、鉢底から流れ出すくらい十分に水を与えます。低温になる場合はやや控えめに。

剪定／幹を切るような剪定は行いません（剪定によって丈を低くすることは基本的にできません）。完全に枯れた葉のみを、葉柄の部分で切るようにします。

植え付け・植え替え／鉢植えの用土は市販の「観葉植物の土」や、赤玉土七割に腐葉土を三割混ぜたものなどを用います。

肥料／生育する時期に肥料を継続して与えます。緩効性化成肥料の置き肥が使いやすいでしょう。

病害虫／丈夫な植物で、日当たりと風通しのいい場所で育てれば、病害虫はあまり発生しません。カイガラムシが発生したら、歯ブラシなどでこすり落とします。

カレンダー

*1 越冬には-7℃程度必要。
*2 枯れた葉は適宜取り除く。

	1	2	3	4	5	6	7	8	9	10	11	12
置き場所	屋外の日当たり *1											
水やり	用土が乾いたら十分に											
剪定	行わない *2											
植え付け・植え替え					━	━	━					
肥料					━	━	━	━	━			
病害虫	アブラムシ・カイガラムシ											
増やし方					種まき	━	━					
開花			━	━	━							

緑の妖精
アブサンの原料
ニガヨモギ

妖しい雰囲気に包まれたアブサンは、
ニガヨモギの成分を含む緑色の酒です。
精神に異常をもたらすとして
規制されたこともありましたが
禁じられたことによって逆に
伝説の酒としての地位を獲得しました。
この悪名高いアブサンは
本当に危険な存在なのでしょうか。

映画『フロム・ヘル』で、ジョニー・デップ扮するアバーライン警部が飲んでいた酒がアブサンです。グラスの上に穴の開いたアブサンスプーンと角砂糖をセットし、その上からアブサンを注いで火を付けるという、儀式めいた手順が紹介されました。ただし火を使うのは、最近になってチェコで始められた方法。本来はアブサンを入れたグラスの上にスプーンと角砂糖をセットし、その上から少しずつ水を落として希釈するだけです（現在では、砂糖なしで飲まれることも多いようです）。

アブサンはアルコールにニガヨモギ、アニス、フェンネルなどを漬け、さらに蒸留して作るリキュールです（漬け込むだけの製品もあります）。度数は七〇度前後、色は緑色か無色で、多くは水を加えると乳白色に変化します。色が変化するのは、水に溶けないハーブの精油成分が濁りとなって現れるからです。

アブサンは一八世紀のなかば、スイスのアンリエット・アンリオという女性によって作られました。その後、ペルノー家がレシピを買い取り、フランスのポンタルリエに工場を作りました。一八六〇年代、アメリカからフィロキセラという害虫がヨーロッパに侵入。ブドウ畑が甚大な被害を受けてフランスでワインの価格が高騰し、アブサンを愛飲する人が急増しました。

カフェに集う芸術家たちはアブサンを「緑の妖精」とたたえましたが、一方で「アブサン中毒」が問題になってきました。

ニガヨモギ（苦艾）

Artemisia absinthium

分類／キク科ヨモギ属

原産地／ヨーロッパ

タイプ／多年草

※写真はニガヨモギとアブサン

アブサンにはニガヨモギに由来するツヨンという物質が含まれ、これが精神に異常をもたらすとされたのです。しかし、二〇世紀初頭に作られたアブサンを現代の技術で分析したところ、ツヨンの含有量は思いのほか低いものだったそうです。アブサン中毒とは、単にアルコールの過剰摂取による症状だったのかもしれません。あるいは一部で用いられた粗悪なアルコールや、有害な添加物に原因があった可能性も指摘されています。

一九〇五年、スイスでアブサンを二杯飲んだ男が妻と娘を射殺するという事件が起きました。アブサンの前にブランデーなど別の酒を大量に飲んでいたことは無視され、アブサン禁止の気運が高まりました。禁止運動には、じつはワイン製造業者による後押しがあったのですが、間もなくスイスで、一九一五年にはフランスでアブサンが全面禁止とされるに至りました。

ツヨン含有量に上限が設けられているものの、現在では多くの国でアブサンが解禁され、日本でも入手できるようになりました。そこで筆者は、ポンタルリエ産の製品を試してみました。原料はブドウから作られたアルコールとハーブのみ、ペリドットのような緑色を呈するアブサンです。口に運んでみて、すべてのハーブが声高に存在を主張するかのような強烈な香りと味に驚きました。後で知ったのですが、これは特に開栓直後の癖が強いことで有名な銘柄。日を改めて飲んでみたところ、すべてのハーブが調和して、この上なくおいしく感じられるようになったのが二度目の驚きでした。よく「歯磨き粉のような香り」と形容されるアブサンですが、それは特定の製品に限った話。その後一五種類ほどのアブサンを試しましたが、歯磨き粉のような香りの製品はその中のただひとつだけ。それ以外は、きちんと調和のとれた香りと味のおいしいアブサンばかりでした。

＊

ニガヨモギは、草丈一メートルほどになるヨーロッパ原産の多年草です。茎と葉が柔らかな短い毛で覆われ、葉には深い切れ込みが入ります。茎葉は非常に苦く、また独特の香りを持っています。夏に茎の先端から花穂を伸ばし、円錐形にたくさんの小さな丸い花（頭花《とうか》）を付けます。

英名はワームウッド（wormwood）。エデンを追放された蛇（worm）がはった跡から生じたという伝説があります。属名の*Artemisia*（アルテミシア）は、ギリシア神話の女神アルテミスにちなむとも、小アジアのカリアの王妃アルテミシアに由来するとも言われます。アルテミシア王妃は夫のマウソロス王亡き後、彼と一体となることを願って遺灰をニガヨモギの飲み物に混ぜて飲んだと伝えられています。なお「ニガヨモギ」は本来、別種のハイイロヨモギを指す名称ですが、このワームウッドの和名として用いられることが多く、本書もそれに従いました。

種類と入手法／ハーブ専門店で種や苗が入手可能です。現代ではアブサンやベルモットなどの酒以外に、食用のハーブとしてはほとんど利用されないようです。大量に摂取すると健康を害する可能性があるので、観賞だけにとどめましょう。花は地味ですが、銀緑色の葉が美しい植物です。茎葉をドライフラワーにして、衣類などの防虫剤として利用する人もいます。

置き場所／屋外の日当たりのいい場所で栽培します。庭植えと鉢植え、どちらでもよく育ちます。美しく健康な株に育てるため、水はけと日当たりを優先して場所を決めます。

水やり／鉢植えの場合、用土が乾いたら、鉢底から流れ出すくらい十分に水を与えます。もちろん、雨に当てても構いません。

剪定／種を採る目的がなければ、開花した枝を切り戻します。春の芽出し前に、前年の枯れ枝を切っておきましょう。

植え付け・植え替え／生長が早く、根詰まりを起こしやすいので、鉢植えの場合は一～二年に一度は植え替えた方がいいでしょう。鉢植えの用土は市販の「ハーブの土」や赤玉土七割に腐葉土を三割混ぜたものなどを用います。

肥料／春と秋に緩効性化成肥料か発酵固形油粕をごく少量施します。

病害虫／日当たりと風通しのいい場所で健康に育てれば、病害虫はあまり発生しません。まれに少数のアブラムシが発生します。強めのシャワーで洗い流して駆除しましょう。

増やし方／春に種をまくか、挿し木で増やします。種は植え付け・植え替え用の用土にまき、細かいので土は掛けないようにします。挿し木は簡単で、最適期以外でも真冬を除けばほぼいつでも可能。茎を一〇～一五センチほどに切り、下の方の葉を落として小粒の赤玉土などに挿します。発根しやすいので、植え替え用の用土に直接挿しても大丈夫です。

カレンダー

*1 枯れた茎を切って取り除く。
*2 開花後に花穂を切って取り除く。

	1	2	3	4	5	6	7	8	9	10	11	12
置き場所	屋外の日当たり	屋外の日当たり	屋外の日当たり	屋外の日当たり	屋外の日当たり	屋外の日当たり	屋外の日当たり	屋外の日当たり	屋外の日当たり	屋外の日当たり	屋外の日当たり	屋外の日当たり
水やり（鉢栽培）	用土が乾いたら十分に	用土が乾いたら十分に	用土が乾いたら十分に	用土が乾いたら十分に	用土が乾いたら十分に	用土が乾いたら十分に	用土が乾いたら十分に	用土が乾いたら十分に	用土が乾いたら十分に	用土が乾いたら十分に	用土が乾いたら十分に	用土が乾いたら十分に
剪定	*1	*1						*2	*2			
植え付け・植え替え			○	○					○	○		
肥料			○	○					○	○		
病害虫				アブラムシ	アブラムシ	アブラムシ	アブラムシ	アブラムシ	アブラムシ	アブラムシ		
増やし方				種まき	挿し木（最適期）							
開花・結実							開花	開花	結実・種を採る			

不吉なイメージさえ魅力のヒガンバナ

不吉な花、寂しい花。
真紅のヒガンバナは
さまざまな言い伝えと結び付き
陰《いん》のイメージをまとっています。
しかし、暗い雰囲気に包まれていても
あるいはそうであるがゆえに
この花に郷愁を感じる人も
多いのではないでしょうか。

ある年の秋、何軒かの家でニワトリが襲われるという出来事がありました。近くに住む六兵衛狐の仕業に違いない、そう考えた村人は巣穴の近くでマツの葉を燃やしていぶり出しました。六兵衛狐は悲しげに鳴いて逃げて行きました。

あくる日、夜になってもひとりの村の子どもが家に帰ってきませんでした。六兵衛狐を追い出した村人の子どもです。村人たちは一晩中探し回りましたが、子どもは見付かりません。

翌日の午後になって、ぼんやりと歩く子どもが発見されます。その両手には、いっぱいのヒガンバナが抱えられていました。

＊

これは古布村（現在の愛知県知多郡美浜町）に伝わる話です。子どもを傷付けずに返した狐の気持ち、子どもがヒガンバナを抱えていたことの不可解さなど、語られていない部分に何かが隠されているように思われてなりません。真紅の花をたくさん抱えて、ヒガンバナの咲き乱れる道をどこまでも歩き続ける子ども。その姿が目に浮かぶような、恐ろしくも美しい話です。

ヒガンバナの原産地は中国と言われますが、日本でも秋田・岩手県以南の広い地域に分布しています。ただし、生育する場所はほとんどが人里やその周辺に限られています。おそらく、古い時代に人の手によって広められたものでしょう。

「彼岸花」という名前はもちろん、秋の彼岸のころに花を咲か

ヒガンバナ（彼岸花）
Lycoris radiata

分類／ヒガンバナ科ヒガンバナ（リコリス）属
原産地／中国、日本（古い時代に渡来したと推測される）
タイプ／夏植え球根植物

せることに由来します。ヒガンバナは別名が非常に多い植物で、千以上の異なる呼び名があると言われています。一例を挙げると、曼珠沙華《まんじゅしゃげ》（曼殊沙華）・死人花《しびとばな》・葬式花・墓花・幽霊花・火炎花・火事花・狐のたいまつ・狐の嫁御・狐花・一時殺し・しびれ花・葉見ず花見ず・数珠花などなど。私たちの祖先がこの花に強い印象を抱いていたことを示すのでしょう。

曼珠沙華という名前は、サンスクリット語（古代インドの言葉）のマンジューシャカ、あるいはパーリ語（古代インドの一地方の言葉）のマンジューサカに由来します。インドにはヒガンバナの自生はなく、もとは別の植物を指す名前のはずですが、具体的にどの植物を指しているのかは分からないようです。あるいは空想上の植物でしょうか。仏典では、天神が空から降らせる祝福の花とされます。

死人花・葬式花・墓花・幽霊花などの名前は、墓地によく植えられたことを表しているのでしょう。神聖な花だからこそ墓地に植えたのか、ネズミなどを防ぐ目的があったのかは不明ですが、それによって不吉な花とされるようになったのでしょう。

火炎花・火事花などの名前は、花色が鮮やかなこと、花弁が波打って炎のように見えることを表しています。狐のたいまつ・狐の嫁御・狐花などの名前は、「狐火」から連想された名前でしょうか。なお冒頭の昔話には後日談があり、以降ヒガンバナのことを「狐花」と呼ぶようになったと語られています。

一時殺し・しびれ花などの名は毒を持つことを示しています。普通に栽培する限りは問題ありませんが、ヒガンバナはリコリンなどのアルカロイドを持っているので、口にするのはたいへん危険です。ただし、かつて飢饉の際には食料として利用された歴史があります。球根をすりつぶして丹念に水で洗い、残ったでんぷんから餅などを作りました（危険なので絶対に試さないでください）。このような利用目的があったからこそ、ふだんは人が敬遠する墓地に植えて、ひっそりと保存してきたと考える人もいます。中国では、防虫の目的で紙や布にすき込むことがあるそうです。

葉見ず花見ずの名は、花が終わった後に葉を伸ばし、花の時期に葉がないことを表します。数珠花という名は、花茎を使って数珠や首飾りのような形を作る遊びに由来します。先入観のない子どもは、ヒガンバナを嫌うこともないのでしょう。

最近では、ヒガンバナを好んで庭に植える人も増えています。不吉なイメージは忘れ去られたのでしょうか。それとも寂しげな風情、不吉な花とされた陰のイメージをも含めて愛する人が増えているのでしょうか。なお筆者の家でもヒガンバナをたくさん植えていますが、それが原因と思われる悪いことは一度も起きていないことを書き添えておきましょう。

種類と入手法／リコリス・ラディアータという名で販売される三倍体のヒガンバナのほか、八重咲きの園芸品種、ショウキズイセンとの雑種と言われるシロバナマンジュシャゲなどが夏植え球根として販売されています。花後に結実するコヒガンバナもまれに流通します。そのほか、ナツズイセンやキツネノカミソリ、リコリス・スプレンゲリなどの同じ属の別種も出回ります。

置き場所／一年中、屋外で栽培します。普通は庭植えとしますが、大きい鉢でも栽培できます（鉢栽培では花が咲きづらくなります）。

水やり／鉢栽培の場合、用土が乾いたら、鉢底から流れ出すくらい十分に水を与えます。もちろん、雨に当てても構いません。葉のない時期にはやや乾燥ぎみに管理しますが、完全には乾かさないように注意しましょう。

剪定／行いません。花後に伸びる葉は、初夏に枯れるまで大切に育てましょう。

植え付け・植え替え／夏に球根が販売されるので、入手したらできるだけ早く植え付けます。植え替えは極端に混み過ぎた場合に行います。植え替えの時、ほかの球根植物のように掘り上げて乾かさないで、すぐに植え付けた方がいいでしょう。庭植えの場合は球根ひとつ分くらい、鉢栽培では球根が隠れるくらいの厚さに土を掛けます。鉢栽培には市販の「球根の土」や、小粒の赤玉土七割に腐葉土を三割くらい混ぜたものなどを使います。

肥料／開花後に緩効性化成肥料などを施します。

病害虫／病害虫は少なく、基本的に丈夫な植物です。ただし用土の排水不良が原因で、軟腐病が発生することがあります。水はけのいい用土を用いて予防に努めましょう。

増やし方／植え替えの時に、球根を分けて植え付けます。

カレンダー

	1	2	3	4	5	6	7	8	9	10	11	12
置き場所	屋外の日当たり											
水やり（鉢栽培）	用土が乾いたら十分に				やや控えめに			用土が乾いたら十分に				
剪定	行わない											
植え付け・植え替え						植え替え	球根植え付け					
肥料									■			
病害虫						軟腐病						
増やし方						球根を分ける						
開花									■			

ネイルアートの花
ホウセンカ

ホウセンカは暑さに強く、
強い日差しの中で次々に咲く夏の花です。
かつてはいたるところで栽培されましたが
新しい花に押されたのか、最近では
あまり見掛けなくなったような気がします。
この懐かしい花を育ててみましょう。
小さなお子さんでも種から育てられる
簡単に栽培できる楽しい植物です。

てぃんさぐぬ花や　ホウセンカの花は
爪先《ちみさち》に染《す》みてぃ　爪先に染めて
親《うや》ぬゆしぐとぅや　親の教えは
肝《ちむ》に染《す》みり　心に染めよ

『てぃんさぐぬ花』沖縄民謡

『てぃんさぐぬ花』に歌われているように、かつてホウセンカは爪を染める染料として用いられました。爪を染めるためには、ホウセンカの花をすりつぶし、ミョウバンか酢を加えたものを用意します。それを爪に塗るのですが、塗ると言うよりも、たっぷりの汁を爪の上に置くようにするといいようです。そのまま手を動かさずに、爪に染み込んでいくのを待ちます。

深く浸透させるような染め方なので、手を洗っても色は消えずに長期間残ります。根元から新しい爪が伸びてくると、根元は白、爪先には色が残った状態になり、完全に生え変わるまで残ることが多いようです。これを知っていると、『てぃんさぐぬ花』の歌詞、ホウセンカの花の色が爪を深く染め、親の教えが心に染み入る様子が実感できるのではないでしょうか。

ホウセンカで爪を染める習慣は中国から伝わったとも言われます。伝説によると、楊貴妃は手足の爪が生まれながらに赤く、宮廷の女性たちがそれをうらやんでホウセンカで染めたのが始

ホウセンカ（鳳仙花）
Impatiens balsamina
分類／ツリフネソウ科ツリフネソウ属
原産地／インドから中国南部にかけて
タイプ／春まき一年草

まりとされています。この習慣はアジア各国で見られ、たとえば韓国では現在まで伝わっています。韓国では、どろどろにつぶした花を爪の上に乗せ、指を葉などで包んで染めるようです。

沖縄でももちろん、女性がおしゃれのために爪を染めたのでしょう。しかしそればかりでなく、蛇や魔を避けるためのまじないの意味もあったようです。実験によると蛇は本当にホウセンカを避ける傾向があるそうですが、ホウセンカで染めた爪にも同じ効果があるかどうかは分かりません。熊本県では、両手の中指・薬指・小指、両足の親指をホウセンカで染めれば、河童から身を守ることができると言われていました。

＊

ホウセンカの原産地はインド、中国南部など。全体に水っぽい一年草で、細長い葉の付け根に数個ずつ花を咲かせます。花色は赤・紫・桃色・白・赤や桃地に白の斑入りなど。市販されるのはほとんど混合の種で、咲くまで確かな花色は分かりません。しかし濃い花色のものは茎の色も濃い傾向があるので、双葉が開いたばかりでも見当を付けることは可能です。

一重咲き・八重咲きがあり、花弁数の多い八重（ツバキ咲き）の園芸品種がよく栽培されています。花の後ろには「距《きょ》」と呼ばれる長い尾のような器官があり、ここに蜜をためています。鳳仙花は中国の名前がそのまま日本へ入ってきたもので、花の形を伝説の鳥・鳳凰《ほうおう》にたとえたものと言われます。

また中国で指甲花とも呼ばれますが、「指甲」は爪の意味で、爪を染めるために使われたことを表します。日本では爪紅（ツマクレナイ・ツマベニ）とも呼ばれました。

花後にできる果実は、熟すとちょっと触れただけで勢いよく種をまきちらします。属名の *Impatiens*（インパティエンス）は「我慢できない」という意味のラテン語で、この属の果実の様子を表しています。英名のひとつは touch-me-not（私に触れないで）。またホウセンカの種子の漢名は急性子（せっかちという意味）です。なお沖縄の「てぃんさぐ」は「飛び砂」の意味で、いずれも種をまきちらすことを表しています。

ホウセンカの昔の名前のひとつにホネヌキがあります。これは種に骨を柔らかくする効果があると考えられたためで、魚の骨がのどに刺さった時の薬として利用されたようです。

ホウセンカは小学校の教材としてよく用いられました。赤いインクを吸わせる「吸水実験」を経験した方も多いのではないでしょうか。明治末の高等女学校の教科書に、すでにこの実験は掲載されているそうです。花をあまり栽培したことがなくても、アサガオとヒマワリ、そしてこのホウセンカだけは学校で育てたことがあるかもしれません。この懐かしい花、ホウセンカにもう一度親しんでみてはいかがでしょうか。

種類と入手法／種は春に園芸店などで簡単に入手できるでしょう。夏にはややまれにポット苗も出回ります。カメリア咲き混合、椿咲き混合と呼ばれるものが主流で、赤・ピンク・紫・白などの花色の混合種子として販売されています。

置き場所／屋外の日当たりのいい場所で栽培します。庭植えと鉢植え、どちらでもよく育ちます。

種まき／種まきの適期は四月～六月。最低気温が一五℃以上になるころにまきます。やや大きめの種なので扱いは楽。お子さんや初心者でも、種まきに失敗する可能性は少ないでしょう。種には五ミリ程度の厚さに土を掛けます。生長した株は植え替えを嫌うので、鉢や栽培する場所に直接種をまいて、混み合ってきたら間引きを行う方が安全です。移植する場合は、本葉が五枚前後のころまでに行います。鉢植えの用土は市販の「花と野菜の土」や、赤玉土七割に腐葉土を三割混ぜたものなどを用います。

水やり／鉢・プランター植えの場合、用土の表面が乾き始めたらすぐに、鉢底から流れ出すくらい十分に与えます。もちろん、雨に当てても構いません。水切れさせないように注意。

剪定／行いません。

肥料／元肥として緩効性化成肥料などを施します。葉色が悪いなどの症状があれば、追肥として液体肥料を与えます。施肥は控えめに。

病害虫／うどんこ病が発生した場合は殺菌剤を散布します。庭植えの場合、根にセンチュウが寄生することがありますが、マリーゴールドを混ぜて植えると被害を軽く抑えることができます。アリがたくさんやってきますが、これはホウセンカの葉柄に蜜を出す器官があるから。実害はほとんどないでしょう。

採種／熟した種を弾き飛ばしてしまうので、その前に摘み取って集めます。種の寿命は比較的長く、数年は保存できます。

カレンダー

*1 開花・結実後、順次種を採る。

	1	2	3	4	5	6	7	8	9	10	11	12
置き場所				屋外の日当たり →	→	→	→	→	→			
水やり（鉢栽培）				用土の表面が乾き始めたら十分に →	→	→	→	→	→			
剪定	行わない											
肥料				→	→	→	→					
病害虫						うどんこ病 →	→	→	→			
増やし方				種まき →	→	→						
開花・結実						*1 →	→	→	→			

歴史が刻まれた名花・ワビスケ

人の行為が歴史に残ることは少なく
普通は跡も残さずに消え去ってしまいます。
ところが、思いもかけないものの中に
だれかが行ったことの痕跡が
はっきりと残されていることがあります。
たとえばワビスケ。
かつて、だれかが異国の花に心を打たれ
海を越えて持ち帰ったという記録が
この花には刻まれています。

ワビスケ――これはある特徴を持ったツバキの一グループに付けられた名前です。その特徴とは、雄しべの先端が退化していて花粉を付けないこと。根元が締まった猪口《ちょこ》のような形の花を付けるものが多く、花の大きさは一般に小ぶりです。簡素な愛らしい花として、特に茶の湯の世界で好まれてきました。

奇妙な名前の由来についてはいくつかの説があります。代表的なところを挙げると、侘助という人物が朝鮮半島から持ち帰ったからという説、この花を好んだ侘助という名の茶人にちなむという説、「茶の湯の侘びを好むこと」を意味する侘数奇《わびすき》から転じたという説など。朝鮮半島でワビスケは見付からず、少なくとも第一の説は否定できそうですが、それ以外の説について詳しいことは分かっていません。

近年の研究者はワビスケがいったいどこから来たのかと頭を悩ませました。彼らの興味を引いたのは、多くのワビスケの子房《し ぼう》(雌しべの根元の部分)に毛が生えていたことです。ささいなことのようでもこれは重大な手掛かり。日本に自生するツバキにはこのような毛はありません。外国産の植物の血を引いているのではないか、と考えられるようになりました。

近年になって、'太郎冠者《たろうかじゃ》'と呼ばれるツバキの種をまくと、そこから低い割合ながらもワビスケが誕生することが分かりました。この'太郎冠者'こそがワビスケの祖先だったわけです。

ワビスケ（侘助・侘助）
Camellia wabisuke

分類／ツバキ科ツバキ属
原産地／ピタールツバキ（中国産）とヤブツバキ（日本産）の雑種と推定される‘太郎冠者’から生まれた園芸品種群
タイプ／常緑樹
※写真は‘胡蝶侘助’

確かに〝太郎冠者〟の花色は日本のツバキには類がない紫を帯びた桃色で、その子房には毛が密生しています。しかしそうなると、今度はこの〝太郎冠者〟がどこから来たのかが問題となります。中国を探してもそのものは見つからないため、〝太郎冠者〟は中国産のツバキと日本のツバキの雑種と考えられました。そして片方の親である中国産のツバキとして、雲南省などに自生するピタールツバキが有力な候補として浮上してきました。最近になって〝太郎冠者〟とピタールツバキの葉緑体ＤＮＡの解析が行われましたが、はたしてその結果は〝太郎冠者〟の母方の祖先がピタールツバキである可能性が大きいことを示すものでした。父木は日本のヤブツバキではないかと推測されています。父木が日本のヤブツバキであるなら、〝太郎冠者〟は日本で誕生した可能性もありそうです。日本のどこかにピタールツバキが植えられていて、その花にヤブツバキの花粉が付いて、〝太郎冠者〟が誕生したという筋立てです。

〝太郎冠者〟の別名は〝有楽《うらく》〟で、京都・高台寺塔頭《たっちゅう》月真院に、織田有楽斎（一五四七―一六二一）遺愛の木としてこのツバキが植えられています。織田有楽斎は織田信長の実弟。本能寺の変を逃れ、豊臣家に仕えるも大阪夏の陣を前にして大阪城を去り、その逃げの姿勢を揶揄されながらも戦乱の世を飄々と生き抜き、茶の湯を極めた人物です。この有楽斎の時代に〝太郎冠者〟が存在したとすると、それ以前に母木であるピタールツバキは日本に渡来していたのでしょうか。

　一五世紀から一六世紀なかばにかけて、日本は中国（明）に何度も使節を派遣して貿易を行っています。おそらくはその貿易船に乗っていただれかが、今まで見たことのないようなあでやかな花色にひかれて持ち帰ったのではないでしょうか。それはいったいだれだったのでしょうか。使節か豪商のひとりだったのでしょうか。しかし、この時持ち帰られたピタールツバキ自体は見付かっていません。枯れてしまったのか、あるいは相次ぐ戦乱で焼失したのか。ピタールツバキに何が起こったのかは、おそらく私たちが決して知りえない物語です。

　それでもこの時に持ち込まれたピタールツバキは日本で花を咲かせ、実を結び、〝太郎冠者〟を生み出しました。そして〝太郎冠者〟からは〝胡蝶侘助〟や〝白侘助〟などのワビスケが生まれています。これらのワビスケは寺院などで栽培され、接ぎ木や挿し木によって増やされて現在まで保存されてきました。

　千利休がワビスケとかかわったという確実な記録は残っていません。しかし京都・大徳寺総見院には、豊臣秀吉が利休から譲り受けたといわれる〝胡蝶侘助〟が残されています。歴史上の茶人や武将が手に取り、ためつすがめつ見たかもしれない名花を、現在の私たちは間近に置いて愛でることができます。

種類と入手法／‘太郎冠者’、‘胡蝶侘助’、‘白侘助’、‘数奇屋’などが代表的。‘太郎冠者’の血を引かないヤブツバキ系の‘一《いち》子《こ》侘助《わびすけ》’、‘天倫《てんりん》寺月光《じがっこう》’などの「侘芯《わびしん》ツバキ」もあります。一～三月くらいに園芸店などで簡単に入手できます。

置き場所／屋外の日当たりのいい場所～明るい日陰の場所に庭植えにするか、鉢植えにして同様の場所に置きます。冬に暖房の効いた室内に置くとつぼみを落とします。北海道北部などでは冬季、暖房のない、日当たりのいい室内に置きます。

水やり／用土が乾いたら、鉢底から流れ出すくらい十分に水を与えます。五～六月、軽くしおれるくらいに水を控えると、花付きがよくなります。

剪定／必要な場合は開花後に行います。花芽ができる六月以降は樹形を整える程度にとどめます。

植え付け・植え替え／最適期は梅雨のころですが、春と秋も可能。鉢植えには、赤玉土・鹿沼土・日向土などのうちの数種を混ぜた用土を用います。鹿沼土と日向土を一対一で混ぜたものが一般的。アルカリ性を嫌うので石灰は禁物です。

肥料／庭植えの場合は冬に有機配合肥料、鉢植えの場合は春に緩効性化成肥料か発酵固形油粕を施します。

病害虫／いちばん嫌われる害虫はチャドクガ。春と夏の発生時期によく観察し、発生した場合は市販の薬剤で駆除します。

増やし方／梅雨時に挿し木を行って増やします。一〇センチほどの長さに切った枝を赤玉土などに挿します。品種にもよりますが、ワビスケの中にはまれに結実するものがあり、その種から新しいワビスケが誕生することがあります。実ったらぜひまいてみましょう。種は乾燥に弱いので、採ったらすぐに赤玉土などにまき、二センチほど覆土して水やりを続けます。暖かい場所なら秋～冬に、普通は翌春に発芽します。

カレンダー

*1 寒冷地では、8～9月に行う。
*2 開花時期は品種により異なる。

	1	2	3	4	5	6	7	8	9	10	11	12
置き場所	屋外の日当たり～明るい日陰											
水やり（鉢栽培）	用土が乾いたら十分に											
剪定			■	■								
植え付け・植え替え			■	■		最適期			*1			
肥料	庭植え			鉢植え						鉢植え		
病害虫				チャドクガ			チャドクガ					
増やし方						挿し木			種まき			
開花・結実	*2								結実・種を採る		*2	

あとがき

イングリッシュブルーベルはとっくに咲き終わり、モスローズのつぼみが色付き始める…そんな初夏の一日にこの「あとがき」を書き始めました。毎年のことですがこの時期、筆者が育てているマンドラゴラは葉を枯らし始め、休眠に入るけはいを見せます。もう少し気温が上がると葉は完全に枯れてしまい、地上には何もなくなってしまいますが、それでも水やりは続ける必要があります。何も植えられていないような鉢に水を与えているわけで、はたから見るとちょっと奇妙に映るかもしれません。地上には何も見えないけれど、その根はきっと生きているに違いないと信じて管理を続けるわけです。マンドラゴラの栽培は想像力に支えられていると言ってもいいでしょう。

何もマンドラゴラに限らず、植物を育てるという行為はすべて想像力があってはじめて成り立つものかもしれません。園芸好きな人は草花の種をまいたり、いつ花が咲くとも分からない小さな苗木から花木を育てたりしますが、これは言うまでもなく将来、花が咲いた時のことを想像できるから。人間は目の前にあるものに、未来の姿を重ねて見る能力を持っています。

未来だけではなく、私たちは植物の過去を見ることもできます。過去というのは、その植物が人間とどのようにかかわってきたかという歴史のことです。食料・薬用・観賞用として利用されてきた歴史、あるいはその植物にまつわる伝説や昔話、歴史上の人物とかかわりなどなど。これらはいわば植物が秘めた物語です。

私たちが植物を前にした時、単に色や形だけではなく、このような物語をそこに重ねて見ているような気がします。これは言葉を変えると先入観とも言えるものですが、それをまったく持たずに植物を見ることは困難でしょう。

物語の豊かさは、もちろん植物の種類によって異なります。たとえばバラの物語は数限りなくあって、代表的なものを取り上げるだけでも一冊の本には到底収まりそうにもありません。紀元前の古代ギリシア・ローマの時代から現代にいたるまで連綿と愛されてきた花ですから、それも当然のことでしょう。それに対して、たとえばガーベラの物語は数少なく、文章にすると数行に収まってしまいそうです。それと言うのも、ガーベラのもとになった原種が発見されたのは十九世紀後半のことだからです。人間とのつきあいが長いほど、その植物が持つ物語は増えていきます。

物語は耳触りのいいものばかりとは限りません。たとえばヒガンバナには「不吉な花」という言い伝えがつきまといます。それを信じるなら、ヒガンバナの花の色・形、彼岸のころに咲く性質など、すべてがまがまがしいものに思えてしまうことでしょう。

しかし最近では、ヒガンバナを庭に植える人も増えています。悪いイメージを持たず、純粋に花の色や形に魅力を感じるという人もいるでしょう。あるいは、もしかするとヒガンバナの持つ物語をふまえた上で、寂寥感や不安を感じさせるような独特の風情までも受け入れる人も多いのかもしれません。たとえ負の印象を与えるものであっても、そのような物語を持つ植物と上手に付き合う人が増えているのではないでしょうか。

この本では「植物の物語」と「物語の植物の実際の姿」をご紹介してきました。物語をたくさん知っていれば、私たちが植物を前にした時に抱くイメージはさらに豊かになることでしょう。そして登場する植物の実際の姿を知っていれば、物語をいっそう深く楽しむことができるのではないかと思います。

この本を書くにあたって石山禎一先生（シーボルト研究家）、扇浦正義先生（長崎市文化財課学芸員）、小門廣先生（一般社団法人 日本ツバキ協会副会長）、粉川哲夫先生（一般財団法人 東京ゲーテ記念館館長）、島田信雄先生（室戸山明星院 最御崎寺長老）、西村舜子先生（コーベ・カメリア・ソサエティ）に多大なるご指導・ご教示を賜りました。そして新紀元社編集部の田村環編集長と川口妙子さんには、この本が世に出るまでに数々のお力添えをいただきました。本書にかかわってくださったすべての方に、ここに心より御礼を申し上げます。本当にありがとうございました。

共通

朝日新聞社編　『植物の世界』　朝日新聞社　一九九七年

アリス・M・コーツ著　白幡洋三郎／白幡節子訳　『花の西洋史事典』　八坂書房　二〇〇八年

小林幹夫／尾崎章監修　『失敗しない果樹の育て方 庭植え 鉢植え』　西東社　二〇〇六年

桐野秋豊著　『色分け花図鑑 椿』　学習研究社　二〇〇五年

グリム兄弟著　桜沢正勝／鍛冶哲郎訳　『グリム ドイツ伝説集 上巻』　人文書院　一九八七年

ジェーン・ギフォード著（文・写真）　井村君江監訳／倉嶋雅人訳

『ケルトの木の知恵 神秘、魔法、癒し』　東京書籍　二〇〇三年

デズモンド・モリス著　鏡リュウジ監訳　『ビジュアル版 世界お守り大全』　東洋書林　二〇〇一年

デービッド・ピカリング著　青木義孝／中名生登美子訳　『カッセル英語俗信・迷信事典』　大修館書店　一九九九年

塚本洋太郎総監修　『園芸植物大事典 コンパクト版』小学館 一九九四年

中島路可著　『聖書の植物物語』　ミルトス　二〇〇〇年

中村元著　『釈尊の生涯』（平凡社ライブラリー）　平凡社　二〇〇三年

中村元編著　『仏教植物散策』（東書選書）　東京書籍　一九八六年

日本インドア・グリーン協会編　『熱帯花木と観葉植物図鑑』　誠文堂新光社　一九九八年

日本聖書協会翻訳　『聖書 口語訳』　日本聖書協会　新約一九五四年　旧約一九五五年

日本ツバキ協会編　『最新　日本ツバキ図鑑』　誠文堂新光社　二〇一〇年

日本放送出版協会編　『よくわかる土・肥料・鉢』（別冊NHK趣味の園芸）　日本放送出版協会　二〇〇八年

日本民話の会・外国民話研究会編訳　『世界の花と草木の民話』　三弥井書店　二〇〇六年

農山漁村文化協会編　『花卉園芸大百科1-16』　農山漁村文化協会　二〇〇二年

深津正著　『植物和名の語源 新装版』　八坂書房　一九九九年

湯浅浩史著　『植物ごよみ』（朝日選書）　朝日新聞社　二〇〇四年

T・C・マジュプリア著　西岡直樹訳　『ネパール・インドの聖なる植物』　八坂書房　一九九六年

—

イングリッシュブルーベル

Rosaleen Cooper/Ann Palmer, *Games from an Edwardian Childhood*, David & Charles, 1982.

映画　ジェームズ・アイヴォリー監督　『ハワーズ・エンド』　イギリス／日本　一九九二年

映画　チャールズ・スターリッジ監督　『フェアリーテイル』　イギリス　一九九八年

—

ガジュマル

有馬英子／遠藤庄治編著　『新装 日本の民話12 九州（二）・沖縄』　ぎょうせい　一九九五年

芦田裕文著　『巨樹紀行 最高の瞬間に出会う』　家の光協会　一九九七年

辻雄二　「キジムナーの伝承―その展開と比較―」『日本民俗学 一七九号』　日本民俗学会　一九八九年*

豊見城高校郷土史研究クラブ　「妖怪の世界―樹の精（キジムナー）の物語―」『豊高郷土史 二号』
豊見城高校郷土史研究クラブ　一九六九年*

中村史　「沖縄・豊見城村のキジムナー話」『小樽商科大学人文研究 九五号』　小樽商科大学　一九九八年

＊p.22のキジムナーを呼び出す呪文は、この二つの資料から引用。

—

コケ

秋山弘之編　『コケの手帳』（のぎへんのほん）　研成社　二〇〇二年

倉野憲司校注　『古事記』（ワイド版岩波文庫）　岩波書店　一九九一年

—

ヨーロッパハンノキ

浅井治海著　『森と樹木と人間の物語 ヨーロッパなどに伝わる民話・神話を集めて』　フロンティア出版　二〇〇六年

ゲーテ著　改造社編　『ゲーテ全集 第十三巻』　改造社　一九三六年
ジャック・ブロス著　藤井史郎／藤田尊潮／善本孝訳　『世界樹木神話』　八坂書房　二〇〇〇年
フィッシャー・ディースカウ著　原田茂生訳　『シューベルトの歌曲をたどって《新装版》』　白水社　一九九七年
—
ラズベリー
サカリアス・トペリウス原作　岸田衿子文　山脇百合子絵　『木いちごの王さま』　集英社　二〇一一年
サカリアス・トペリウス作　万沢まき訳　『星のひとみ』（岩波少年文庫）　岩波書店　一九五三年
—
アグラオネマ
映画　リュック・ベッソン監督　『レオン』　フランス／アメリカ　一九九四年
—
アボカド
米本仁巳著　『熱帯果樹の栽培 完熟果をつくる・楽しむ28種』農山漁村文化協会 二〇〇九年
映画　ロベルト・シュベンケ監督　『RED／レッド』　アメリカ　二〇一〇年
Heaviest avocado　http://www.guinnessworldrecords.jp/world-records/1/heaviest-avocado　二〇一四年五月二五日参照
—
オヘビイチゴ
安野光雅／森毅／井上ひさし／池内紀編　『ちくま文学の森6 思いがけない話』筑摩書房　一九八八年
（桂三木助演・飯島友治編　『蛇含草』）
今村与志雄訳　『唐宋伝奇集（下）』（岩波文庫）　岩波書店　一九八八年
小野蘭山著　『本草綱目啓蒙Ⅰ』（東洋文庫）　平凡社　一九九一年
川戸貞吉編　『五代目古今亭志ん生全集 第八巻』　弘文出版　一九九二年
中込重明　「落語『そば清』考」『法政大学大学院紀要 三十六号』　法政大学大学院　一九九六年
浜田善利／小曽戸丈夫著　『意釈神農本草経』　築地書館　一九七六年
前野直彬編訳　『唐代伝奇集2』（東洋文庫）　平凡社　一九六四年
武藤禎夫編　『江戸小咄類話事典』　東京堂出版　一九九六年
武藤禎夫編　『江戸小咄辞典』　東京堂出版　一九八〇年
—
コルチカム
淺香淳編集　『R・シュトラウス歌曲集』（新編世界大音楽全集 声楽編28）　音楽之友社　一九九二年
映画　ベティナ・オベルリ監督　『マルタのやさしい刺繍』　スイス　二〇〇六年
—
シロツメクサ
井上義昌編　『英米故事伝説辞典 増補版』　冨山房　一九八〇年
エリザベス・ハラム編　鏡リュウジ／宇佐和通訳　『聖者の事典』　柏書房　一九九六年
グリム兄弟著　野村泫訳　『決定版 完訳 グリム童話6』　筑摩書房　二〇〇〇年
ドナルド・アットウォーター／キャサリン・レイチェル・ジョン著　山岡健訳　『聖人事典』　三交社　一九九八年
マルコム・デイ著　神保のぞみ訳　『キリスト教聖人文化事典』　原書房　二〇〇六年
「花巻の小原繁男さん、死去 四つ葉のクローバー研究／岩手県」『朝日新聞』　二〇一〇年五月九日
（朝刊・岩手全県・１地方面）聞蔵Ⅱビジュアル　二〇一一年五月十日参照
Most leaves on a clover　http://www.guinnessworldrecords.jp/world-records/1/most-leaves-on-a-clover　二〇一四年五月二七日参照
—
スノードロップ
サムイル・マルシャーク作　湯浅芳子訳　『森は生きている』（岩波少年文庫）　岩波書店　一九七九年

映画　イワン・イワノフ=ワノ監督　『森は生きている』　ソ連　一九五六年

—

セイヨウヤドリギ／ヤドリギ

サー・ジェームズ・ジョージ・フレーザー著　メアリー・ダグラス監修　サビーヌ・マコーマック編　内田昭一郎／吉田晶子訳
『図説 金枝篇』　東京書籍　一九九四年

フレイザー著　永橋卓介訳　『金枝篇1-5』(岩波文庫)　岩波書店　一九八五-一九九〇年

映画　ゴア・ヴァービンスキー監督　『パイレーツ・オブ・カリビアン デッドマンズ・チェスト』　アメリカ　二〇〇六年

映画　ゴア・ヴァービンスキー監督　『パイレーツ・オブ・カリビアン ワールド・エンド』　アメリカ　二〇〇七年

—

ノヂシャ

映画　バイロン・ハワード監督　『塔の上のラプンツェル』　アメリカ　二〇一〇年

グリム兄弟著　野村泫訳　『決定版 完訳 グリム童話Ⅰ』　筑摩書房　一九九九年

—

バントウ

呉承恩著　中野美代子訳　『西遊記(一)』(岩波文庫)　岩波書店　二〇〇五年

富永仲基／山片蟠桃著　水田紀久／有坂隆道校注　『富永仲基 山片蟠桃』　岩波書店　一九七三年

中野美代子著　『中国の青い鳥 シノロジー雑草譜』(平凡社ライブラリー)　平凡社　一九九四年

山田勝美著　『論衡(下)』(新釈漢文大系94)　明治書院　一九八九年

—

ベンガルボダイジュ

『高知県立牧野植物園だよりNo.17』　高知県牧野記念財団　二〇〇四年

—

マンドラゴラ

指田豊　「マンドレークの栽培」『日本植物園協会誌 第三八号』　日本植物園協会　二〇〇四年

テオフラストス著　大槻真一郎／月川和雄訳　『テオフラストス 植物誌』　八坂書房　一九八八年

—

モスローズ

コナン・ドイル著　W・S・ベアリング-グールド編　小池滋監訳　『詳注版 シャーロック・ホームズ全集6』(ちくま文庫)
筑摩書房　一九九七年

小松美枝子／小松紀三男著　『オールドローズの事典 暮らしを彩るガーデニングとクッキング』　成美堂出版　二〇〇〇年

—

アオキ

白幡洋三郎著　『プラントハンター ヨーロッパの植物熱と日本』　講談社　一九九四年

ロバート・フォーチュン著　三宅馨訳　『幕末日本探訪記 江戸と北京』(講談社学術文庫)　講談社　一九九七年

—

アカンサス

エミリー・コール編著　乙須敏紀訳　『世界の建築様式 歴史的古代建造物750の建築ディテール』　ガイアブックス　二〇〇九年

視覚デザイン研究所編　『ヨーロッパの文様事典』　視覚デザイン研究所　二〇〇〇年

鶴岡真弓著　『装飾の神話学』　河出書房新社　二〇〇〇年

ウィトルーウィウス著　森田慶一訳注　『ウィトルーウィウス建築書』(東海選書)　東海大学出版会　一九七九年

—

インドボダイジュ

玄奘著　水谷真成訳注　『大唐西域記3』(東洋文庫)　平凡社　一九九九年

クルミ

斎藤文一・藤井旭著　『宮澤賢治 星の図誌』　平凡社　一九八八年

続橋達雄編　『宮澤賢治研究資料集成 第１巻』　日本図書センター　一九九〇年

（早坂一郎著　「岩手県花巻町産胡桃に就いて」）

宮城一男著　『宮沢賢治 農民の地学者』　築地書館　一九八九年

宮城一男・高村毅一紙著　『宮沢賢治と植物の世界』　築地書館　一九八九年

宮澤賢治著　『校本 宮澤賢治全集 第十巻』　筑摩書房　一九七四年

—

クロユリ

遠藤和子著　『佐々成政〈悲運の知将〉の実像』　サイマル出版会　一九八六年

武内確斎作　岡田玉山画　塚本哲三編集　『繪本太閤記 上・中・下』　有朋堂書店　一九二六—一九二七年

辺見じゅん・大島広志・石崎直義著　『日本の伝説24 富山の伝説』　角川書店　一九七七年

—

クワズイモ

青葉高著　『青葉高著作選Ⅲ 野菜の博物誌』　八坂書房　二〇〇〇年

下川清・福田晃・松本孝三著　『日本伝説大系 第十二巻』　みずうみ書房　一九八二年

白井光太郎著　『植物妖異考（復刻版）』　有明書房　一九七五年　（原本は岡書院　一九二五年）

武田明編著　『四国路の伝説』　第一法規出版　一九七二年

松谷みよ子・桂井和雄・市原麟一郎著　『日本の伝説22 土佐の伝説』　角川書店　一九七七年

—

セイロンベンケイ

石原あえか著　『科学する詩人 ゲーテ』　慶應義塾大学出版会　二〇一〇年

J・W・v・ゲーテ著　木村直司編訳　『ゲーテ形態学論集・植物篇』（ちくま学芸文庫）　筑摩書房　二〇〇九年

Johann Wolfgang von Goethe / hrsg. von Ernst Beutler, *Gedenkausgabe der Werke, Briefe und Gespräche, 28. August 1949*, Altemis-Verlag, 1948.

—

ツバキ '正義'

安藤芳顕著　「『正義』と『ドンクラリー』の関連について」『カメリアン 1970-1978年（No.1-No.19）復刻本』
コーベ・カメリア・ソサエティ　二〇一〇年（初出は一九七一年）

石山禎一著　『シーボルト 日本の植物に賭けた生涯』　里文出版　二〇〇〇年

石山禎一　「オランダ王立園芸奨励協会の種苗園で栽培された、日本と中国から輸入された新旧の植物一覧表
ライデンにあるフォン・シーボルト商会」　『洋学８号』（洋学史学会研究年報）　『洋学』編集委員会　一九九九年

梶輝行　「蘭船コルネリス・ハウトマン号とシーボルト事件」『鳴滝紀要６号』シーボルト記念館　一九九六年

樽本清著　『洋種椿銘鑑』　文化出版局　一九七六年

—

バオバブ

サンテグジュペリ著　小島俊明訳　『新訳 星の王子さま』　中央公論新社　二〇〇五年

塚崎幹夫著　『星の王子さまの世界 読み方くらべへの招待』（中公新書）　中央公論社　一九九七年

三野博司著　『「星の王子さま」の謎』　論創社　二〇〇五年

山崎庸一郎著　『サン=テグジュペリの生涯』（新潮選書）　新潮社　一九七一年

湯浅浩史著（写真・文）　『森の母・バオバブの危機』　日本放送出版協会　二〇〇三年

—

イギリスナラ

ウィリアム・ブライアント・ローガン著　山下篤子訳　岸由二解説　『ドングリと文明 偉大な木が創った1万5000年の人類史』
日経BP　二〇〇八年

ミランダ・J・グリーン著　井村君江監訳　『図説ドルイド』　東京書籍　二〇〇〇年

—

イチョウ

ゲーテ著　大山定一訳　『ゲーテ詩集』（世界詩人全集）　新潮社　一九六七年

高橋健二著　『ゲーテ相愛の詩人マリアンネ』　岩波書店　一九九〇年

西田治文著　『植物のたどってきた道』（NHKブックス）　日本放送出版協会　一九九八年

—

イナゴマメ

市川裕／藤井悦子訳　『タルムード入門Ⅱ』　教文館　一九九七年

小泉袈裟勝著　『単位の起源事典』（東書選書）　東京書籍　一九八二年

—

セイヨウイチイ

飯田正美著　『イギリス伝説紀行 巨人、魔女、妖精たち』　松柏社　二〇〇五年

市川定春著　『武器と防具 西洋編』　新紀元社　一九九五年

グラント・オーデン著　堀越孝一監訳　『西洋騎士道事典』　原書房　一九九一年

マーティン・J・ドアティ著　日暮雅通監訳　『図説中世ヨーロッパ武器・防具・戦術百科』　原書房　二〇一〇年

三浦權利著　『図説 西洋甲冑武器事典』　柏書房　二〇〇〇年

三谷康之著　『事典 英文学の背景 城廓・武具・騎士』　凱風社　一九九二年

ローズマリ・サトクリフ著　山本史郎訳　『ロビン・フッド物語』　原書房

映画　リドリー・スコット監督　『ロビン・フッド』　アメリカ／イギリス　二〇一〇年

—

セイヨウノコギリソウ

ラルフ・S・ソレッキ著　香原志勢／松井倫子訳　『シャニダール洞窟の謎』　蒼樹書房　一九七七年

Rex Dalton　『European and Asian genomes have traces of Neanderthal』
http://www.nature.com/news/2010/100506/full/news.2010.225.html　二〇一四年五月二五日参照

—

ツタンカーメンのエンドウ

上地ちづ子著　『のびろ のびろ！ ツタンカーメンのえんどう』　耀辞舎　一九八七年

ニコラス・リーヴス著　近藤二郎訳　『図説 黄金のツタンカーメン　悲劇の少年王と輝ける財宝』　原書房　一九九三年

「エジプトのエンドウ」『読売新聞』　一九五七年五月二一日（夕刊二面・遠地近地）　ヨミダス歴史館　二〇一一年六月十日参照

「古代エジプトの豆、里帰りへ」『朝日新聞』　一九八五年七月三日（朝刊・1社面・青鉛筆）　聞蔵Ⅱビジュアル
二〇一一年五月十日参照

「ツタンカーメンのエンドウ」『朝日新聞』　一九八五年二月二二日（朝刊・1総面・天声人語）聞蔵Ⅱビジュアル
二〇一一年五月十日参照

—

ツユクサ

佐竹昭広／山田英雄／工藤力男／大谷雅夫／山崎福之校注　『万葉集1-3』（岩波文庫）　岩波書店　二〇一三-二〇一四年

阪本寧男／落合雪野著　『アオバナと青花紙　近江特産の植物をめぐって』　サンライズ出版　一九九八年

—

テマリカタヒバ

岡島秀光著　『NHK出版家庭園芸百科9 イワヒバを楽しむ』　日本放送出版協会　一九九六年

小野蘭山著　『本草綱目啓蒙2』（東洋文庫）　平凡社　一九九一年

オーリー・フラグマン／廣部千恵子著　『イスラエル花図鑑』　ミルトス　一九九五年　『聖書』

トウアズキ／ナンバンアカアズキ

小川環樹／都留春雄／入谷仙介選訳 『王維詩集』 岩波書店 一九七二年

小野蘭山著 『本草綱目啓蒙３』(東洋文庫) 平凡社 一九九一年

蕭培根 主編 大塚恭男／庄司順三／滝戸道夫／丁宗鐵監修 真柳誠翻訳編集 『中国本草図録 巻２』 中央公論社 一九九三年

荘魯迅著 『漢詩 珠玉の五十首 その詩心に迫る』 大修館書店 二〇〇三年

中村公一著 『中国の愛の花ことば』 草思社 二〇〇二年

松枝茂夫編 『中国名詩選(中)』(岩波文庫) 岩波書店 一九八四年

村上孝夫監修 許田倉園訳『中国有用植物図鑑』 廣川書店 一九九一年

湯浅浩史 「マメの栽培化と伝播」『生き物文化誌 ビオストーリー 第9号』 生き物文化誌学会 二〇〇八年

—

ナツメヤシ

大塚和夫責任編集 『世界の食文化10 アラブ』 農山漁村文化協会 二〇〇七年

テオプラストス著 小川洋子訳 『植物誌Ⅰ』(西洋古典叢書) 京都大学学術出版会 二〇〇八年

今公三著(文・写真) 『イスラームとユダヤの世界遺産Best99』(世界遺産の散歩道) 角川書店 二〇〇六年

田辺勝美／松島英子責任編集 『世界美術大全集 東洋編 第16巻 西アジア』 小学館 二〇〇〇年

フラウィウス・ヨセフス著 秦剛平訳 『ユダヤ戦記３』 山本書店 一九八二年

ポール・ジョンソン著 石田友雄監修 阿川尚之／池田潤／山田恵子訳 『ユダヤ人の歴史(上巻)』 徳間書店 一九九九年

吉田公平監修 『大賀ハス』 千葉市立郷土博物館 一九八八年

Oldest seed germinated http://www.guinnessworldrecords.jp/world-records/8000/oldest-seed-germinated 二〇一四年五月二七日参照

—

ニガヨモギ

アレッサンドロ・モンキエーロ 「アブサンの伝説」『スローフード Vol.5』 木楽舎 二〇〇五年

稲保幸著 『世界酒大事典』 柴田書店 一九九五年

タラス・グレスコー著 仁木めぐみ訳 『悪魔のピクニック 世界中の「禁断の果実」を食べ歩く』 早川書房 二〇〇六年

—

ヒガンバナ

栗田子郎著 『ヒガンバナの博物誌』(のぎへんのほん) 研成社 一九九八年

美浜町誌編さん委員会編集『美浜町誌 資料編二』美浜町役場 一九八五年

—

ホウセンカ

阿波根朝松著 『琉歌古語辞典 付・琉歌文法概説』 那覇出版社 一九八三年

儀間比呂志著 『絵本 沖縄のわらべうた』 沖縄タイムス社 一九九九年

清水彰編著 『琉歌大成 本文校異編』 沖縄タイムス社 一九九四年

松井孝爾 「蛇害防止に関する研究 特にホウセンカの蛇類に対する忌避性について」 『衛生動物 Vol.10 No.2』
日本衛生動物学会 一九五九年

—

ワビスケ

田中孝幸／桐野秋豊／箱田直紀／藤枝國光／水谷高幸 「ワビスケ *Camellia wabisuke* の起源に関する研究」
『九州東海大学農学部紀要20』 九州東海大学農学部 二〇〇一年

坂口筑母著 『茶人織田有楽斎の生涯』 文献出版 一九八二年

谷川奈津 「葉緑体DNAの多型によって示される『太郎冠者』とワビスケ品種の母方祖先」 『花き研究所ニュース No.19』
農研機構 二〇一〇年

http://www.naro.affrc.go.jp/publicity_report/publication/files/naro-se/news-no-19.pdf 二〇一四年五月三一日参照

鉢植えでも楽しめる

物語と伝説の植物

四〇種の栽培ガイド

2014年9月3日　初版発行

著者　榛原昭矢（はいばら あきや）

写真　榛原昭矢
©RTimages - Fotolia.com（37ページ）
©yakumo / TAGSTOCK（38ページ）
©Jessmine - Fotolia.com（88ページ）
©Pixelot - Fotolia.com（128ページ）

イラスト　しまだゆりな（アクティーボ）

編集　株式会社 新紀元社編集部
デザイン　漆原悠一、中道陽平（tento）
DTP　株式会社 明昌堂

発行者　藤原健二
発行所　株式会社 新紀元社
〒160-0022　東京都新宿区新宿1-9-2-3F
TEL：03-5312-4481
FAX：03-5312-4482
http://www.shinkigensha.co.jp/
郵便振替　00110-4-27618

印刷・製本　株式会社 倉田印刷

ISBN978-4-7753-0931-5
定価はカバーに表示してあります。
Printed in Japan